쫑카빠의 연기찬 주석

༄༅། །རྟེན་འབྲེལ་བསྟོད་པའི་འགྲེལ་པ་བཞུགས་སོ།

쫑카빠의 연기찬 주석

쫑카빠 게송 • 짱캬 롤빼돌제 주석 • 정성준 번역

운주사

이 저서는 2019년 대한민국 교육부와 한국연구재단의 지원을 받아 수행된
연구임 (NRF-2019S1A5B5A02041278)

머리말

연기는 불교사상의 근본

불교를 다른 종교와 구분 짓는 가장 핵심적인 교리가 무엇인지를 묻는다면 그것은 곧 연기법緣起法이다. 연기법은 연기의 진리라는 말이다. 연기는 "모든 마음과 사물의 현상은 연緣하여 발생한다"라는 뜻이다. 연기는 관계, 간섭, 상호작용 등으로 말할 수 있으며, 원인을 덧붙여 인연因緣이란 말을 쓰기도 한다. 연기는 현상계를 구성하는 사물의 고유성을 부정한다. 때문에 연기는 무아無我, 무자성無自性, 또는 공空의 진리라고 말한다.

불교에서 붓다는 '깨달은 자'라는 뜻이다. 2,500여년 전 석가모니 붓다는 연기를 중요시하였다. 『중아함경』「상적유경」에서 붓다는, "연기를 보면 곧 진리를 본 것이요, 진리를 보면 곧 연기를 본 것이다"라고 하였다. 또한 『잡아함경』 권12에는, "연기법은 내가 만든 것도 아니며, 다른 사람이 만든 것도 아니다. 연기법은 여래가 세상에 출현하든 안 하든 항상 존재한다. 여래는 이 법을 깨달아 해탈을 성취하고 중생을 위해 해설할 뿐이다"라고 설하였다.

연기와 대승불교

붓다의 입멸 이후 연기법을 연구한 많은 사상가와 학파들이 있었다. 붓다 입멸 후 설일체유부는 연기를 아비달마의 연구를 통해(혹은) 아비달마의 학파로서 연기의 무아無我를 찰나멸로 이해하였다. 기원 전후 시작된 대승불교시대에는 연기의 무아에 대해 『반야경』의 경우 무자성과 공空으로 설하였다. 나가르주나(150~250)는 연기의 이치를 깊이 깨닫고 『중론』에서 이제설二諦說과 팔부중도八不中道로 이해하는 중관사상中觀思想을 폈다. 나가르주나는 많은 저작을 통해 연기를 논리적 사고로 이해하는 불교논리의 기초를 마련하였다. 나가르주나는 귀경문에서, "연기를 설하신 붓다께 예경합니다"라고 하여 불교사상의 중심에 연기가 있음을 천명했다.

나가르주나 이후 마이뜨레야·아상가(300~390)·와수반두(316~396)가 등장하여 유식사상을 폈고, 이에 대한 실천을 유가행瑜伽行이라 하였으며, 이를 연구하고 실천하는 스승을 유가사瑜伽師라 하였다. 유식학파는 『해심밀경解深密經』을 연구해 아뢰야식을 비롯한 팔식八識·삼성설三性說·전변설轉變說 등을 완성하였지만 그 이론도 연기법에서 비롯된다.

연기·반야·중관·유식으로 이어지는 대승불교사상은 427년경 설립된 나란다사를 중심으로 깊이 연구되었다. 특히 디그나가(480~540)와 다르마끼르띠(600~660)는 불교논리학을 완성하였는데, 이러한 인도 불교사의 일련의 전개는 연기를 통해 원인과 결과를 유추하는 논리성에 기인한 것이다.

축소·실용·실천주의

불교논리학이 불교사에 끼친 영향은 적지 않아서, 이때부터 불교 문헌과 사상에 대해 진리를 설한 요의了義 법문과 방편을 설한 불요의不了義 법문으로 구분하는 교상판석이 유행하였다. 설일체유부·경량부·유식학파·중관학파는 학파별 우위를 주장하기 위해 그들의 종학을 두고 불교논리학에 기초해 논쟁을 벌였다. 불교사에서 논리학의 등장은 방대한 불교 문헌과 사상으로부터 진리를 추려내 간결한 핵심 이론으로 추출하고, 방편 법문을 구분하는 축소주의와 실천원리에 입각해 이론과 수행을 연구하는 실용주의, 그리고 해탈과 열반에 실질적 도움을 주는 실천원리를 모색하는 실천주의의 경향을 나타내기 시작하였다.

불교논리학으로 인한 대승불교 교학의 비약적인 발전은 불교수행에도 큰 변화를 일으켰다. 대승불교시대『반야경』에 최초 도입된 진언·다라니의 효용성을 간파한 불교교단은 불상, 불탑, 수인 등을 소연으로 관상하는 수행원리를 연구하였고, 7세기『대일경』의 출현을 계기로 진언문眞言門의 수행원리가 정립되었고, 전통보살도는 바라밀문이라 불렀다. 9세기 불공삼장不空三藏은 바라밀문을 현교, 진언문을 밀교라 번역하였다. 진언문의 등장은 방대한 불교사상을 문자와 도상에 요약하여 기억과 집중, 삼매에 이르는 실천수행의 능률을 높였기 때문에 진언문은 논리학과 함께 인도불교의 축소·실용·실천주의의 경향에 크게 기여하였다.

축소·실용·실천주의를 도운 것은 인도 스승에 의한 주석으로, 7세기 이후 중관사상과 유가행의 관계를 연구한 학문적 경향을 후기중관파, 혹은 유가행중관파라고 부른다. 잘 알려진 학장들로 샨띠데와(Śāntideva), 샨따락시따(Śāntarakṣita), 까말라실라(Kamalaśīla), 하리바드라(Haribhadra)를 비롯해 쁘라갸까라마띠(Prajñākaramati), 라뜨나까라샨띠(Ratnākaraśānti) 등이 있으며, 이들은 중관과 유식학파의 스승들을 포함해 인도 17조사를 형성한다.

이상 인도 조사들의 주석은 『수습차제』와 『보리도등론』 등 수행차제의 저술로 귀결되는데, 이제설에 근거해 실천도를 해탈과 일체지의 성취로 요약한 실용과 실천주의의 정신은 붓다시대 붓다가 그랬듯 종교의 미망과 허구의 진리를 걷어내는 연기법에 따른 것으로, 이 전통은 티벳과 몽골에 고스란히 전해졌다.

나란다사와 티벳불교, 인도불교의 완성

티벳의 송첸감뽀왕(581~649)은 티벳고원을 할거하던 부족들을 통일하여 나라를 세웠는데, 당대에는 토번吐蕃이라 일컬어졌다. 송첸감뽀왕은 당과 네팔의 혼인혈맹을 맺는 과정에서 최초로 불교를 수입하였다. 티송데첸왕(742~797)은 삼예사의 논쟁을 통해 인도불교를 공인하였고, 이때부터 티벳은 인도불교를 본격적으로 수입하였다. 티송데첸왕은 불경 번역을 위해 톤미삼보따로 하여금 티벳문자와 문법을 창안토록 하였고, 인도의 많은 역경승들이 인도와 티벳을 왕래하며 불교를 전했다.

9세기경 랑다르마왕의 폐불로 인해 티벳은 백여 년간 불교가 단절되었다. 이후 서부 티벳을 통치하던 예셰워(Yeshe Wo)는 위끄라마실라 마하위하라의 학장 아띠샤(982~1054)를 티벳에 초청하였다. 아띠샤는 예셰워의 조카이사 후계자인 장춥워(Jangchub Wo)의 간청으로 단절된 인도불교의 전통을 다시 잇기 위해 『보리도등론』을 비롯한 다수의 저술을 남겼다. 특히 『보리도등론』은 계율의 회복과 불교논리학, 밀교의 인도 전통을 티벳에 온전히 전해지도록 하는 데 기여하였다.

티벳불교는 까담빠를 비롯해 여러 종파를 형성하며 많은 학승들이 불교를 연구하는 도약의 시대를 마련하였다. 특히 쫑카빠(1357~1419)는 『보리도등론』을 계승해 계율을 새롭게 확립하고 불교를 깊이 연구해 많은 저술을 남겼는데, 특히 그의 『보리도차제론』과 『비밀도차제론』은 2천 년간 발전한 인도불교를 바라밀문과 진언문을 중심으로 정리한 것이다. 때문에 인도불교의 축소·실용·실천주의는 쫑카빠에 의해 계승되어 티벳에서 새로운 발전을 이룩하였다.

티벳불교는 인도불교 나란다사를 포함한 5대 마하위하라를 계승하였고, 무엇보다 티벳대장경은 망실한 산스끄리뜨 불교 대장경을 가장 정확히 번역한 것으로 평가받는다. 또한 인도불교의 연장에서 문헌, 역사, 교리, 수행, 의례를 깊이 연구해 인도불교의 완성으로서 불교문화의 중요한 위치를 차지하고 있다. 쫑카빠는 아띠샤의 까담빠를 계승해 그를 종조로 겔룩빠의 전통을 세웠고, 쫑카빠의 제자 가운데 겐뒨둡은 훗날 초대 달라이라마로 추앙되어 오늘날 달라이라마 제도의 전통이 이어지는 계기가 되었다.

연기법 이해의 두 경향

한국불교는 초기불교에 관한 많은 연구성과가 있으며 연구하는 학자들도 적지 않다. 원전어에 입각한 『아함경』의 번역과 출판이 이어지고 있으며, 학자들에 의해 붓다의 정확한 교설에 접근할 수 있게 되었다. 그동안 연기설은 주로 초기불교 사상에 의거한 연구가 주종을 이루었다. 그러나 연기법은 모든 불교교학과 실천원리의 근간이며 대승불교시대 연기법이 발전한 과정을 이해하는 것은 불교학에 대한 안목으로서 중요하다.

대승불교시대에 등장한 보현행원普賢行願은 대승불교의 불신설佛身說과 결합해 유가유식의 삼신설로 발전하였다. 7세기 『대일경大日經』과 『금강정경金剛頂經』의 출현은 삼신설에 입각한 수행이론을 의례화하였고, 8세기 이후 인도밀교는 생기차제와 구경차제로 정비되었지만 동아시아에는 전해지지 않았다.

반면 티벳불교는 인도밀교를 계승하여 많은 주석을 남겼다. 특히 인도불교 최후 시기에 등장했던 밀교를 함께 연구하여, 연기법에 근거한 불교의 전통으로서 밀교의 본의를 드러내는 데 기여하였다.

쫑카빠의 「연기찬」

「연기찬緣起讚」은 쫑카빠의 명저 가운데 하나인 『렉셰닝뽀(선설장론善說藏論)』 가운데 나오는 것으로, 쫑카빠가 중관사상을 깊이 연구하던 무렵 큰 깨달음을 얻고 붓다의 연기법과 나가르주나의 중관사상에 대한 찬탄과 핵심 내용을 게송으로 남긴 것이다. 쫑카빠는 「연기찬」에서 붓다의 연기법을 근본으로 계율을 비롯한 삼학과 불교사상의 핵심인 연기와 중관사상을 간략히 요약하였다. 특히 삼학의 전통을 기초로 혜학과 밀교의 중요성을 언급하여 붓다의 근본 교설이 모든 불교 교학과 수행을 관통하는 근거라는 사실을 이해하는 데 중요하다.

짱캬뢸빼돌제의 『연기찬석』

티벳불교사를 통해 「연기찬」은 많은 연구와 주석이 이루어졌으며 주석 가운데 잘 알려진 것으로 짱캬뢸빼돌제(1717~1786)의 『연기찬석』이 있다. 쫑카빠는 58게의 간략한 게송으로 연기를 주석함으로써 불교의 무아사상과 수행에 대한 통찰력을 가질 수 있게 한다. 특히 실천원리에 입각해 무자성, 공사상의 원천을 놓치지 말 것을 부촉하고 있다.

티벳불교와 몽골불교의 경우 「연기찬」은 대부분의 의례에서 염송되며, 그 중요성 때문에 현대에도 롭상갸초와 그라함우드하우스의 영어본 해설서가 출판되었다(2011년). 주석으로는 1985년 관공觀空에 의한 울추바드라 주석이 발간되었고, 2013년 연종緣宗에 의한 짱캬뢸빼돌제의 주석이 출판되었다.

나란다사 마하위하라와 한국불교

나란다사를 나란다 마하위하라라고 부를 때 마하위하라는 대승원정도의 뜻을 담고 있다. 율의와 삼장, 삼학, 의궤의 온전한 전승과 도서관에 버금가는 전적을 보관하고 연구의 전통과 전승이 이루어지는 곳이다. 현대의 대학에 버금간다고 하여 나란다대학이란 말도 빈번히 들을 수 있다.

나란다 마하위하라의 전통은 티벳불교와 몽골불교가 계승하고 있다. 티벳불교 겔룩빠의 간덴사원·세라사원·데뿡사원은 인도 마하위하라의 전통을 계승한 곳이다. 몽골불교의 경우 소련의 강점 이전 무수히 존재했던 승가교육의 중심인 다창은 티벳불교와 같이 인도 전통의 교육체계와 전승을 보존하고 있다.

이 책은 인도불교의 방대한 이론을 연기설과 나가르주나의 중관사상으로 요약하고, 현교와 밀교를 통합한 쫑카빠의 의도를 대중들이 쉽게 간파하도록 기획한 짱캬롤뻬돌제의 의도를 보여준다. 당시 황실과 귀족, 지식인을 고려한 간결한 내용으로 많은 번역과 출판이 이루어졌다.

8세기 이후 인도와 티벳의 조사들이 남긴 저술은 방대하며, 여기에는 세계 인류의 정신을 밝히는 소중한 보물들이 수없이 존재하지만, 그 중요성에도 불구하고 한국불교는 그 가치에 대해 아직 눈을 돌리지 않고 있다.

한국불교는 동아시아불교에서 성장한 찬란한 불교문화를 지니고 있다. 현재는 인도와 티벳불교를 새로이 살펴보고 우리 후손들이 공부하게 될 한국불교의 미래 향방에 대해 고민하는 시대적 과제를 가져야 한다고 생각한다.

짱캬롤뻬돌제의 『연기찬석』은 한국연구재단의 지원으로 기획되었다. 원래 불서의 번역은 인용 문헌과 인물에 대한 상세한 전거를 제시하고, 여러 판본 대조와 교정 작업도 따라야 하지만 이들은 향후 이루어질 것이다. 「연기찬」에 대한 상세한 연구에는 게송의 출처인 쫑카빠의 『선설장론』 연구도 뒤따라야 한다.

번역에서 난해한 곳은 나란다사의 전통을 따르는 스승과 학자들의 가르침을 참조해 보다 온전한 책이 나와야 하지만, 우선 부족한 번역이라도 소개해서 차후 후학들의 작업에 도움이 되고자 한다.

2025년 10월

충무로 산방에서 역자 씀

본서의 번역 규칙

1. 산스끄리뜨 표기는 정승석의 표기규칙을 기준으로 하였다.
2. 티벳어 영문 표기는 Wylie 방식을 기준으로 하였다.
3. 일부 산스끄리뜨 및 티벳어 발음은 원문의 알파벳 표기를 기준으로 된소리 음가(까·짜·따·빠·싸)를 가능한 살려 표기하였다.

예) 산스끄리뜨 까 ka 카 kha 가 ga 그하 gha 응아 nga

티벳어 까 ka 카 kha 가 ga 응아 nga

4. 번역은 랍숨셰둡링·티벳대장경역경원·나란다불교학술원의 역서를 참조하였다.
5. 과단은 대조연구의 편의를 위해 연종緣宗의 장한藏漢대조본의 분류를 따랐다.
6. 인명과 저서 해설은 읽기의 편의성을 위해 역주에 포함시켰다.

* 본 저서와 관련된 원음과 출처, 오기의 정정 및 신고는 이메일이나 홈페이지를 통해 수집하고 교정역을 제공할 예정이다.

chsjoon@hotmail.com

https://nalandaculture.com

약호

T. 『대정신수대장경(大正新修大藏經)』

Toh. 宇井伯寿 외(1983), 『西藏大藏經總目錄附索引』 東北帝国大学法文学部.

「연기찬」의 저자 쫑카빠 롭상 닥빠

티벳불교는 아띠샤의 까담빠를 계승한 겔룩빠를 비롯해 사꺄빠·까규빠·닝마빠의 4대 종파가 현존하고 있다. 겔룩빠의 종조 쫑카빠 롭상닥빠(1357~1419)는 1357년 동북 티벳 암도의 쫑카 지방에서 태어났다. 어머니는 싱사아최, 아버지는 루붐게였는데, 탄생 시 여러 가지 이적이 전해진다. 쫑카빠가 탄생한 자리에 모친은 불탑을 세웠는데, 훗날 1583년 제3대 달라이라마 소남갸초는 이곳에 유명한 꿈붐사원을 조성하였다.

쫑카빠는 3살 때 제4대 까르마빠 뢸빼돌제(1340~1383)로부터 오계를 받고 8세 때 까담빠의 스승 최제된둡린첸으로부터 사미계를 받고 롭상닥빠라 이름하였다. 당시 스승은 위대한 밀교승으로, 쫑카빠의 어린 시절 모든 공부의 기초를 가르쳤다.

어린 시절 쫑카빠는 많은 밀교관정을 받았고, 7살 때 아띠샤와 금강수의 환영을 경험하였다. 또한 많은 스승들과 법을 문답하여 남다른 근기를 보여주었다. 쫑카빠는 16세 때 고향을 떠나 우창지방에 유학하였다. 여기서 50인의 불교학자와 공부하였고, 이때 중관, 유식, 인명 등 불교의 중요한 과목들을 대부분 수학하였다.

사꺄빤디따 꿍가겔첸(1182~1251)과 부뙨린첸둡(1290~1364)은 쫑카빠에게 불교철학과 논리학을 강조하여 훗날 쫑카빠가 겔룩빠의 체계를 세우는 데 지대한 영향을 주었다. 또한 사꺄빠의 렌다와 쇤누로되(1349~1412)와 까담빠의 상뿌의 학풍도 큰 영향을 주었다. 렌다와 쇤누로되는 중관학파의 귀류논쟁 철학으로 유명하였다. 감명을 받은 쫑카빠는 스승에게 간곡한 예찬의 게송을 올렸는데, 스승은 쫑카빠가 게송을 받을 자격이 없다 하여 되돌려 주었다.

쫑카빠의 수학은 인도 나란다 마하위하라의 전통대로 현밀겸수顯密兼修, 즉 현교와 밀교를 병행하는 것이었다. 쫑카빠는 어릴 적부터 부뙨린첸둡에게서 밀교를 배웠다. 또한 많은 아사리로부터 『비밀집회딴뜨라』와 『짜끄라상와라딴뜨라』 등 4부서로 이루어진 밀교 전체를 고루 익혔다.

쫑카빠는 20대 초반 불교철학에 대한 탁월한 견해에 도달하여 반야학을 주제로 『금만선설金鬘善說』을 저술하였다. 그리고 남은 평생 동일 주제의 저술을 계속해 18부의 방대한 저작을 남겼다.

쫑카빠는 문수보살과 특별한 인연을 가진다. 수행자와 본존本尊의 특별한 관계는 아상가(무착)와 마이뜨레야의 사례에서 이미 존재한다. 쫑카빠는 중관학자인 빠오돌제에게 배웠는데, 빠오돌제는 문수보살과 소통할 수 있는 특별한 능력을 지녔다. 『금만선설』을 저술할 때에도 빠오돌제를 통해 문수보살에게 많은 질문을 할 수 있었다.

쫑카빠는 몸소 문수보살의 환영을 경험한 다음 문수보살과 직접적인 대화를 할 수 있게 되었다. 나아가 문수보살로부터 와즈라바이라와 같은 밀교 본존의 관정도 받았다. 쫑카빠는 아상가와 나가르주나도 친견하고 다른 밀교 본존의 관정도 받았다.

1392년 쫑카빠는 보다 깊은 단계의 수행을 위해 쟈델수도원에서 8명의 제자와 함께 수행을 시작하였다가 7년 후 월카최룽으로 옮겼다. 밀교수행의 전행을 닦을 때에는 3백5십만 회의 오체투지를 하였다. 쫑가빠는 징지 지역을 여행하면서 쇠락했던 거대한 미륵불상을 복원하였다.

1398년 쫑카빠는 중관을 연구한 끝에 큰 깨달음을 얻고 귀류논증파의 조사들이 모인 환영을 보았다. 중관철학에 대한 확고한 견해를 얻었음을 확신하였으며, 이때 「연기찬」을 지었다.

쫑카빠 인생의 후반기는 밀교 수행에 몰두하고 저술에 전념하여 많은 명저를 남겼다. 쫑카빠는 과거 조사들이 그랬던 것처럼 문수보살을 비롯해 중관의 조사와 밀교 본존들과의 교감을 시도하였고, 저술 과정에서 도움을 받았다.

쫑카빠는 1402년 46세가 되었을 때 라넹사원에 머물며 명저로 꼽히는 『보리도차제론』을 저술하였다. 이 책은 아띠샤의 『보리도등론』을 기초로 인도불교의 핵심적 가르침들을 요약하고 불교의 수행체계를 정리한 것이다. 쫑카빠는 자신이 쓴 공성의 이론들이 후학에게 난해하다고 생각하여 『보리도차제론』의 집필을 주저했지만 문수보살은 계속하라고 용기를 주었다.

1405년 쫑카빠는 남쩨뎅사원으로 옮겨 우기 안거 때 스승인 렌다와와 꺕꼰뻴상뽀를 모시고, 대중들에게 계율에 대한 상세한 주석을 강의하였다. 이어 1407년을 전후해 중관과 논리학에 대한 중요한 저술들을 집필하였고, 1415년에는 『보리도차제론』의 중본과 약본도 저술하였다.

쫑카빠의 또 다른 역작인 『비밀도차제론』은 1405년 집필을 마쳤다. 『비밀도차제론』은 밀교를 크게 소작부·행부·유가부·무상유가부로 나누고 4부 밀교에 대한 주요 문헌들을 추려 주석한 책이다. 『보리도차제론』과 『비밀도차제론』이야말로 석가모니 붓다의 교단이 최초 성립된 후 티벳불교에서 한 획을 그은, 인류사에 기록될 소중한 명저라 생각한다.

쫑카빠의 저술 가운데 주목할 것은 인도 후기밀교의 최고 경전인 『비밀집회딴뜨라』의 주석들이다. 『비밀집회딴뜨라』는 석가모니 붓다의 연기설을 밀교 수행체계로 완성한 것으로, 붓다의 십이지연기의 순관과 역관을 밀교 수행으로 구현한 것이다. 쫑카빠는 1401년 『비밀집회딴뜨라』의 주석과 성취법들에 대해 주석을 집필하여 훗날 겔룩빠 이외에 다른 종파에서 이들 저술을 연구할 수 있도록 하였다.

쫑카빠의 명성이 알려지자 1408년 중국 명 황제가 쫑카빠를 남경에 초청하였으나 쫑카빠는 거절하였다. 1413년 두 번째 초청했을 때 쫑카빠는 대신 제자인 사꺄예셰(1354~1435)를 보냈다. 사꺄예셰는 중국 방문을 훌륭하게 수행하였고, 황제는 많은 보물을 보냈다. 이를 자본으로 1419년 세라사원이 건립되었다. 1424년 황제가 죽자 사꺄예셰는 중국을 조문 차 방문하였는데, 이때 이루어진 티벳불교와 중국 황제 간의 유대는 청조의 최후인 1911년까지 이어졌다.

쫑카빠와 관련 깊은 티벳의 불교문화는 정초마다 대기원법회를 여는 것이다. 묀람으로 알려진 대기원법회는 1409년부터 시작되었으며, 전통적으로 가장 오래된 고찰인 조캉사원에서 처음 이루어졌다.

1415년 간덴사원이 완공되었고, 1417년 밀교의 비밀집회, 와즈라바이라와, 챠끄라상와라의 주요 본존들이 안치되었다. 쫑카빠 자신은 간덴사의 초대 좌주가 되었으며, 지금까지 간덴티빠로 알려진 좌주의 전통이 이어지고 있다.

쫑카빠는 1418년 최후 저술인 『중관밀의해명』이라는 책을 완성하고, 다음 해인 1419년 세수 62세로 입적하였다.

쫑카빠는 간덴티빠의 계승자로 겔챱제 달마린첸(1364~1432)을 지목하였고, 다음은 케둡 겔렉 뺄상(1385~1438)이 계승하였다. 열거한 두 제자를 비롯해 수많은 제자들이 있었지만 특히 겐뒨둡(1391~1474)은 훗날 초대 달라이라마로 추대되었고, 잠양최제따쇼뻴덴(1385~1438)은 데뿡사원을 건립하여 세라사원, 간넨사원과 함께 겔룩빠의 3대 사원이 되게 하였다.

쫑카빠의 제자 가운데 케둡 겔렉 뺄상과 겔샵제가 저술과 수행면에서 가장 뛰어났으며, 이후 훌륭한 많은 승려들이 겔룩의 전통을 계승했다.

1959년 티벳이 중국의 영토가 된 이후 달라이라마 14세 뗀진갸초는 겔룩빠의 3대 사원을 남인도에 건설해 티벳 전통의 문헌과 학제, 의궤 를 복원하여 오늘날 쫑카빠의 명성과 함께 인류 정신의 위대한 자산으로서 석가모니 붓다의 교단 전통과 나란다 마하위하라의 명성을 여전히 살아 있게 하였다.

짱캬뢸뻬돌제

짱캬뢸뻬돌제(1717~1786)는 몽골 출신의 승려로, 동부 티벳 암도에서 태어났다. 어릴 때 제2대 짱캬(1642~1714)의 환생으로 인정받았으며 청조 건륭제(1735~1796)의 국사로 활약하여 동아시아 국제관계에서 중요한 역할을 수행하였다. 뢸뻬돌제는 처음에 고향의 곤룽잠빠링 사원에 거주했으나 당시 반란이 일어나 사원이 파괴되었다.

뢸뻬돌제는 1724년 옹정제 치세 때 청 황실에 들어갔으며, 당시 소년이었던 건륭제와 많은 시간을 함께 보내며 인연을 다졌다. 1734년 옹정제의 허락으로 당시 제7대 달라이라마 껠상갸쵸(1708~1757)와 함께 티벳 수도 라사를 여행하였다. 1735년 시가체를 여행하였으며, 제5대 판첸라마 롭상예셰(1663~1737)로부터 구족계를 받았다.

옹정제의 사망 후 새로 황제가 된 건륭제의 국사가 되었고, 이때부터 국경, 외교 등 많은 부분에 관여하였는데, 그 대부분은 티벳과 몽골, 청의 관계에 대한 것이었다.

제7대 달라이라마의 사망 후 티벳은 제8대 달라이라마인 잠뻴갸쵸(1758~1804)에게 종교와 행정 전권을 이양하는 문제를 두고 논란이 일어났으나 건륭제는 뢸뻬돌제를 보내 새 달라이라마에게 종교의 전권을 이양토록 하였다. 대신 행정은 청의 간섭을 받노록 하여 내각의 전권을 제한하였다.

룉빼돌제는 당대 주요한 라마들로부터 공부하였고, 바쁜 중에도 수행과 저술에 힘썼다. 그는 몽골어, 티벳어, 만주어, 중국어 및 일부 중앙아시아 언어에 해박하여 사전편찬과 역경사업을 감독하였다.

옹정제는 옹화궁雍和宮을 개각해 티벳, 몽골, 만주, 중국 승려를 포용하는 불교센터를 마련해주었으며, 이곳이 국사의 거주처이자 행정업무의 중심지가 되었다. 1744년 건륭제는 룉빼돌제로부터 불교를 배우길 요청하였고, 룉빼돌제는 보리도를 비롯해 많은 불교 주석들을 지도하였다.

1745년에는 관정을 통해 밀교의 가르침도 전수하였으며, 이때 건륭제는 룉빼돌제에게 "국사께선 나의 스승일 뿐 아니라 금강 아사리이기도 합니다"라고 극찬하였다.

1748년 고향의 괸룽잠빠링사원을 방문하였다.

이후 황제와 함께 많은 역경과 도록, 예술, 의례 등을 정리하다가 2년 후 입적하였다.

༄༅། །རྟེན་འབྲེལ་བསྟོད་པའི་འགྲེལ་བ་བཞུགས་སོ། །

연기찬 주석

예경문

༄༅། །ན་མོ་སུ་མ་ཏི་ཀཱིརྟི་ཡེ།

나모수마띠끼르띠야!

〔지존 쫑카빠 롭상닥빠에게 정례합니다.〕

중생을 남김없이 존재의 바다로부터 구하려
미묘한 연기의 수승한 도리를
성중聖衆 가운데 설하신
능인 사자에게 정례합니다.

기억만 해도 수승한 지혜를 주시는
최고의 보살인 지존 문수보살
성 나가르주나, 거룩하신 붓다빨리따
짠드라끼르띠, 샨띠데와에게 정례합니다.

현밀顯密을 남김없이 붓다의 뜻대로
강설과 논변, 저술에 힘썼으니
인도와 티벳에 비할 이 없는
큰 힘을 가진 붓다의 권속

제2의 붓다인 불자佛子에게 정례합니다.

크신 대자비는 일체중생을 포섭하고
삼학과 수행의 거룩함은 높으니
근본 상사의 지혜와 성취를 모았으니
마음 가운데 품어 수승한 지혜를 보이소서.

누군가 마음으로 해탈을 구하는 이들
들어간 자리는 비할 바 없어
수승한 논전인 『선설장론善說藏論』 전체의
무구한 도리를 여기에 주석하니
이에 환희심을 발합니다.

주석

여기서 시방 제불께서 제보살 가운데 대웅大雄을 찬탄하는 것은 우리 수승한 대도사大導師인 동방 출신 쫑카빠 롭상닥빠의 거룩함이 세 지역에서 비할 자가 없기 때문이다. 대사는 비할 이 없는 대도사大導師 석가모니 붓다에게 진실한 바른 이론의 길로 이끄시니, 신심에 의해 저절로 합장을 정수리에 대어 심오한 연기의 가르침을 주석한 것이 『선설장론』이라는 논서이며, 이에 따라 불은佛恩을 기억하며 찬탄하는 것이 말하려는 배경이다.

역주

「연기찬」을 저술한 저자의 갖춘 이름은 쫑카빠 롭상닥빠(Tsong kha pa blo bzang grags pa, 1357~1419)이다. 티벳은 높은 스승에게 붙이는 별호가 있는데, 쫑카빠의 경우 '제 쫑카빠'라고 한다. 제(Je)는 '지극히 뛰어난 분'이라는 뜻으로 여기서는 '지존至尊'이라 번역했다.

나가르주나·붓다빨리따·짠드라끼르띠는 모두 인도의 중관학파 가운데 귀류논증파의 조사들이다. 나가르주나(150~250)는 연기와 반야사상을 주제로 『중론』을 저술했다. 중관학파를 계승한 붓다빨리따(5~6세기)는 『중론』의 주석을 저술하였는데, 중관의 해석을 두고 바비베까가 비판하자 훗날 짠드라끼르띠(600~650)는 다시 바비베까를 비판하여 붓다빨리따를 옹호하였다. 이 사건을 두고 티벳 불교는 붓다빨리따와 짠드라끼르띠를 대표로 귀류논증파, 바비베까 부류를 자립논증파로 구분하였다.

『선설장론』(『변요의불요의선설장론辯了義不了義善說藏論』)은 쫑카빠의 저술 가운데 하나로, 중관사상을 귀류논증파의 입장에서 정리한 것이다. 쫑카빠는 불교사상을 요의了義법문과 불요의不了義법문으로 구분하였는데, 요의 법문은 궁극적 진리를 설한 가르침이며, 반면 불요의법문은 진리를 직설하지 않은 설법이다. 쫑카빠는 붓다의 전기나 비유 등 문학성이 강한 경전이나 인도불교의 4대 학파 가운데 설일체유부와 경량부, 유식학파의 이론들 그리고 중관학파 가운데 자립논증파의 이론을 불요의법문으로 간주하였다. 쫑카빠는 훗날 겔룩빠의 종조가 되는데, 겔룩빠는 귀류논증파의 입장을 옹호하였고 이것이 겔룩빠의 전통이 되었다.

현밀顯密은 현교顯教와 밀교密教를 가리킨다. 인도불교는 7세기 『대일경』의 출현을 계기로 육바라밀 중심의 보살수행을 바라밀문이라 부르고, 진언과 다라니의 염송과 수인·만다라 관상을 통한 수행문을 진언문이라 하였다. 당 시대 불공삼장不空三藏은 『금강정경십팔회지귀金剛頂經十八會持歸』에서 바라밀문을 현교顯教, 진언문을 밀교密教라 번역하였다.

과단

〔질문〕 논을 구성하는 내용은 무엇인가?

〔답변〕 이것은 〔다음의〕 세 가지로 이루어져 있다.

(갑 1) 논전에 들기 전 예찬

(갑 2) 논전의 본문

(갑 3) 논전의 결론

(갑 1) 논전에 들기 전 예찬

주석에 들기 전 예찬은 다시 둘로 나눈다.

(을1) 예찬문

(을 2) 「연기찬」에 대한 예찬

역주

인도불교의 삼장에 대한 주석, 혹은 해석의 전통은 삼장의 내용을 분석해 과단을 정하여 해설하는 전통이 있다. 이러한 전통은 티벳불교와 동아시아불교에도 전해졌다. 주석자마다 과단의 분류 방식이 달라지기도 한다. 여기서 제시하는 과단은 「연기찬」을 주석한 짱캬뢸빼돌제의 의도에 따른 것이다.

【예찬】

나모구루만주고샤야
스승 문수보살에게 정례합니다.

주석

위의 말은 이 논전이 논장에 속한 것이기 때문에 문수보살에게 예찬하는 것이다. 과거부터 내려온 관행에 따른 것으로 게송의 내용은 어렵지 않다.

역주

나모구루만주고싸야는 산스끄리뜨 원문을 음사한 것이다. 'Namo guru mañjughoṣāya'에서 만주고사는 문수보살의 별명인 '묘음妙音'을 가리키는 말로 '수승한 음성', '수승한 법문'이라는 뜻이다. 문수보살은 원어 만주슈리를 음역한 문수사리文殊師利에서 비롯된 말로, '거룩한 길상'이라는 뜻에서 묘길상妙吉祥이라 번역한다. 문수보살은 지혜를 상징하는 보살로, 쫑카빠는 문수보살의 진신으로부터 많은 가르침을 받았다고 전한다.

(을 2) 「연기찬」에 대한 예찬

둘째, '견해와 설법하신 모든 것' 등의 네 구절이다.

【본송 1】

깨닫고 설하신 모든 법문은
무상의 지혜와 가르침이네.
승자께서 밝히신 연기
그 증득과 가르침에 정례 합니다.

주석

게송에서 불세존은 그분을 향했을 때 마음 깊은 곳으로부터 귀의하고 예경 올리는 근본을 갖춘 분이다. 붓다는 두 가지 이익을 모두 갖추었기 때문에 다른 이들보다 특별히 성스럽고, 진실한 귀의처가 된다. 이 유법에서 저 〔불세존은〕 두 가지 원만한 이익을 갖추고 있기에 진실한 귀의처임을 밝히는 것이다.

역주

주석 앞에 나온 '유법'은 불교 인명因明의 용어이다. 유법은 불교 논리학에서 논쟁의 주제를 의미한다. 여기서는 정례의 대상인 승자를 주제로 주석을 전개한다는 뜻에서 유법이라는 말을 사용했다. 승자(勝者, jina)는 붓다의 별호로, 붓다가 마라를 정복하고 정각을 얻었다는 뜻에서 승자라 일컫는다.

불교논리학, 즉 인명학의 기초를 세운 것은 디그나가(Diṅnāga, 陳那 480~540)이다. 디그나가의 생애에 대해서는 거의 알려진 바가 없지만, 현재 타밀나두 지역의 시야망갈람에서 태어났으며, 소승의 분파에서 공부하다가 추방된 후 와수반두의 제자가 되었다. 그의 사상은 명저인 『집량론集量論』에 요약되어 있으며, 이에 대해 후대 다르마끼르띠(Dharmakirti, 法稱, 600~670)에 의해 『집량론』에 대한 7권의 주석이 저작되면서 불교인명학이 대성되었다. 디그나가는 지각과 추론만을 인정하였으며, 언어의 철학을 완성한 아포하론(배제)은 후대 불교인명뿐만 아니라 인도논리학에 광범위한 영향을 끼쳤다.

주석

〔붓다를 구호자라 한 것은〕 심오한 연기에 의해 공성을 보고, 구경의 법신을 성취하였기 때문이다. 〔붓다께서는〕 출가와 재가의 수많은 구도자에게 두 가지 색신을 나툼으로써 진실한 뜻을 펼쳐 윤회의 두려움으로부터 보호한다. 이러한 이유 때문에 붓다는 다른 스승들보다 수승한 경지를 성취한 것으로 본다. 〔반면〕 대자재천 등은 스스로 존재의 두려움으로부터 해탈하거나 다른 이들을 해탈케 하는 능력이 없다. 해탈을 구하는 이들의 목적은 윤회의 고통을 벗어난 경지에 도달하는 것이다. 〔붓다는〕 해탈의 진실한 방편을 깨닫고 설할 수 있기 때문에 위없는 지자智者이자 위없는 설주說主로서 찬탄을 올리는 것이다.

역주

두 가지 색신은 불신佛身 가운데 수용신과 화신을 가리킨다. 불교에서 불신은 절대 세계에 존재하는 법신과 현상계에 몸을 나투는 수용신 受用身, 그리고 화신으로 나눈다. 수용신은 보신報身이라 부르며 붓다가 정토淨土에서 나투는 불신이다. 수용신 가운데 타수용신은 붓다가 중생을 구제하기 위해 정토나 꿈, 중음中陰 상태에서 나투는 불신이다. 화신은 욕계欲界에 나투는 불신으로 물질계에서 육신으로 나툰 불신이다. 과거불인 연등불이나 석가모니불이 그 예이다.

대자재천은 원래 인도 바라문교에 등장하는 창조신 쉬바를 가리킨다. 『대지도론』에서는 마혜수라魔醯首羅라 말하는데 이것은 산스끄리뜨의 음사어이며 풀이하면 자재천大自在天이다. 불교에서는 천상의 지배자로 간주한다.

바라문교는 최초 브라만(梵)으로부터 만유가 전개되었다고 주장한다. 때문에 이를 전변설轉變說이라 말한다. 바라문교에서는 모든 존재는 자아의 영혼을 가진다고 하는데, 이것이 아뜨만이다. 바라문교는 베다 성전과 우파니샤드 철학을 낳았는데, 이에 따르면 인간은 아뜨만을 자각하고, 해탈에 이를 수 있다고 한다.

붓다 당시의 사상계를 보여주는 것으로 유물론을 전했던 여섯 사상가의 이름이 전해지는데 이들을 육사외도六師外道라 한다.

고대 인도의 유물론은 적취설積聚說이라 하는데, 원소가 쌓여 만유가 존재하기 때문이다. 유물론의 사상가들은 선악이나 인과를 부정하거나, 인간의 지식으로 진리를 알 수 없다는 불가지론不可知論, 쾌락론, 허무주의 등 다양한 주장을 폈다.

유물론이나 유신론과 달리, 붓다시대에 살았던 니간타나타풋타는 이원론을 주장하여, 인간이 정신적 욕망을 느끼면 육신을 가지고 윤회를 반복한다고 하였다. 따라서 만약 금욕의 고행을 통해 욕망이 사라지면 누구나 해탈할 수 있다고 주장하는데, 이것이 오늘날 자이나교의 원조가 된다.

주석

사마四魔와의 전쟁에서 승리한 세존은 모든 중생들의 고통을 물리치는 주요 근거로서 무명無明을 물리치는 방편인 연기의 심오한 뜻을 여실하게 깨달았을 뿐 아니라 그 내용을 대비심에 의해 타인에게 가르칠 수 있기 때문에 최고의 지혜와 설법을 성취했다고 말한다.

본송에 설하려는 중심 내용도 오로지 세존만이 해탈을 구하는 자의 진실한 귀의처를 성취하였기 때문에 이러한 의미가 은혜를 기억하는 수행의 이유를 밝히는 것이다.

또한 이 게송은 이상의 내용을 요약한 것으로 논서의 몸통(論身)을 세운 것이기도 하다.

논서에 다룰 내용을 모두 말했다. 논서의 목적은 뜻을 세운 수행자들이 이 논서에 의지해 붓다의 가르침을 청문하고, 사유하고, 수습하는 세 가지 노력에 의해 심오한 연기의 의미를 깨닫게 하는 것이다. 최종 목표는 수행자들이 공성을 깨닫는 것과 복덕의 자량과 더불어 닦음으로써 증과를 이룰 때 두 가지 장애를 버리고, 3신의 불신의 경지를 얻는 것이다.

더불어 닦는 것은 궁극적 목표가 현재 〔작은〕 목표에 의지하는 것으로 말로 언급한 〔작은〕 목표들에 의지한다는 뜻이다.

역주

사마는 붓다가 정각을 얻을 때 물리친 네 가지 마귀를 가리킨다. 마귀는 신격보다는 성불을 방해하는 장애를 가리키는 경우가 많다.

한국 사찰벽화인 팔상도八相圖에는 파왕 파순과 딸이 화작한 세 명의 마녀와 마군이 등장한다. 마왕은 타화자재천의 왕이며, 세 마녀인 열비悅妃·희심喜心·다미多媚는 육체적 욕망을 상징하고, 1억 8천의 마군들은 기갈, 한열, 수면 등 정신과 육체의 고통을 상징한다. 반면 인도불교에서는 사마四魔라 하여 온마蘊魔·번뇌마煩惱魔·사마死魔·자재천마自在天魔를 가리킨다. 온마는 오온에서 야기되는 육체의 번뇌, 번뇌마는 아집·법집과 같은 정신적 번뇌, 사마는 염라閻邏로서 생사의 욕망과 공포를 가리키며, 자재천마는 외도의 신격이다. 이들은 불교수행에서 극복해야 할 주요 대상이다.

청문·사유·수습은 문사수聞思修로 요약하는데, 대승불교의 유가행瑜伽行인 문사수혜聞思修慧를 줄인 것이다.

이장二障은 번뇌장煩惱障과 소지장所知障의 두 가지 번뇌를 가리킨다. 대승불교 유식학파는 번뇌장에 대해 오온으로 이루어진 정신과 육체를 아견我見의 근거로 보고 집착하는 번뇌이며, 소지장은 자아와 외계에 대해 공성을 보지 못하고 실재實在로 집착하는 번뇌로 정의하였다. 여기서 번뇌장은 열반을 장애하고 소지장은 깨달음, 즉 보리를 장애한다고 해석하였다.

과단

(갑 2) 논서의 본론에 대해 설함

둘째, 논서의 본론은 다섯으로 나눈다.

(을 1) 연기 설법의 규칙에 의해 찬을 설하는 배경을 밝힘

(을 2) 붓다만이 해탈을 구함에 거짓 없이 성취할 수 있음

(을 3) 붓다의 가르침만이 해탈문임을 보임

(을 4) 붓다의 은혜를 기억해야 하는 도리

(을 5) 맺는말

(을 1) 첫째는 세 가지가 있다.

(병 1) 연기는 윤회의 근본을 끊기 위해 설함

(병 2) 심오한 연기를 설하는 것이 핵심임

(병 3) 연기설법문의 찬탄이 수승한 찬탄의 문임을 설함

(병 1) 첫째, 세 내용 가운데 연기가 윤회의 근본을 끊기 위해 설한 것은, '세간에 존재하는 모든 고통들' 등 네 구절이다.

【본송 2】

세간에 존재하는 모든 고통들
그 뿌리는 무명이네.
이것을 보고 물리치는 모든 것
연기라 설하네.

주석

내용을 풀이하면, 유법 소지〔所知〕는 연기를 깨닫는 지혜가 윤회의 뿌리를 끊는 것이다. 세간의 모든 생로병사 존재의 근본 원인의 중심은 무명이며 이것을 보고 깨달음으로써 무명을 물리친다. 〔무명의〕 대치對治에 있어 중심이 되는 것은 심오한 공성空性이자 연기緣起이다.

역주

주석 원문에는 '유법 소지所知'라 하였는데 풀이하면, '게송에서 해설하려는 내용' 이라는 뜻이다. '유법有法'은 불교논리학, 즉 인명因明의 규칙에서 논쟁을 하려는 주제를 가리킨다. 능지能知는 어떤 지식이나 정보를 아는 정신작용이다. 반면 소지所知는 그를 통해 알려진 내용이다.

대치對治란 말은 어떤 무명이나 번뇌를 물리치는 대응 요인을 말한다. 게송에서 생로병사의 윤회를 일으키는 뿌리가 무명이라 하였으며 무명의 대치는 무명을 물리치는 요인이 연기와 공성의 깨달음이라 하였다. 무명(無明, Avidyā)은 진리에 무지하다는 뜻으로, 자아와 인식세계에 대해 미혹迷惑하다는 뜻이다. 근본무명이라 할 때는 윤회를 일으키는 최초 원인이 된다는 뜻에서 한 말이다. 마명馬鳴의 『대승기신론』에는 무명에 대해 깨닫지 못한 상태라는 뜻에서 불각(不覺)이라 정의하고, 불각을 다시 근본무명과 지말무명으로 나누었는데, 이 경우 근본무명은 자아와 인식계에 대한 미세한 미혹을 가리키고 지말무명은 근본무명으로부터 파생된 수번뇌나 번뇌장·소지장을 포함한다.

주석

〔질문〕 그 도리는 무엇인가?

〔답변〕 우리처럼 해탈을 구하려는 이들은 이처럼 생각해야 한다. '모든 윤회는 생로병사의 속성으로부터 벗어나지 못한 데서 시작하여 항상 고통을 받는다. 때문에 이러한 고통으로부터 벗어날 수 있을까, 불가능할까? 여기에 원인이 있을까, 없을까? 있다면 끊는 도리는 어떤 것인가?'라는 〔의문을〕 관찰해야 한다. 고통의 본성을 가시 뽑듯이 쉽게 뽑을 수 없다. 어떤 〔대상을〕 관찰했을 때 원인 없이 생기거나, 관련 없는 원인으로부터 생기는 것은 합당하지 않다.

다르마끼르띠의 『석량론釋量論』에는, "〔제법은〕 홀연히 생기나니 관대觀待에 연유한다"라는 내용은 〔제법은〕 원인 없이 생길 수 없음을 논증한 것이다. 대종과 대종으로부터 만들어진 것은 인과의 연緣이 될 수 없다. 자재천도 불변不變하기 때문에 작용(有爲)의 능력을 가질 수 없기 때문에 관련 없는 원인으로부터의 발생은 부정된다.

역주

다르마끼르띠(600~660)는 티벳의 전승에 따르면 남인도 바라문 출신으로서 다르마빨라에게 출가하였고, 디그나가의 제자인 이슈바라세나로부터 『집량론集量論』을 배웠다. 다르마끼르띠는 당대의 논사들을 모두 굴복시켰으며 특히 바라문의 논사인 샹카라를 설득해 불교사상으로 인도했다. 다르마끼르띠는 스승으로부터 『집량론』

의 주석을 저술할 것을 권고받고 불교논리학을 대성한 『양평석量評釋』을 비롯해 인명칠론因明七論이라 일컬어지는 불교논리학의 명저를 남겼다.

대종大種은 지수화풍地水火風 사대四大를 가리킨다. 붓다 당시 인도의 사상 가운데 유물론은 세계가 땅·물·불·바람으로부터 이루어졌다고 주장하였다. 대종으로 만들어진 것은 4대 원소로부터 만들어진 물질계나 사물을 가리킨다.

물질은 정신작용이나 자의自意가 없기 때문에 인과의 원인이 될 수 없다. 자재천自在天은 조물주이지만 절대자로서 불변성과 영원성을 가지거나 절대적 힘이 부여되어 있다. 때문에 절대자 이외 피조물 자의에 의해 사물을 만들거나 변화시킬 수 있는 능력이 없다.

주석

이와 같은 이론을 자세히 살피려면 다르마끼르띠의 논서에서 구해야 한다. 그렇다면 〔윤회의〕 원인은 어떻게 설명할까? 바로 업業과 번뇌煩惱이다.

〔질문〕 〔무명의〕 원인에 의해 우리들이 윤회에 전전하게 되는 원리는 무엇인가?

〔답변〕 답한다. 세존께서 설한 『도간경稻稈經』에 다음의 내용이 있다. "'이것이 있음으로써 이것이 생긴다. 이것이 생하기 때문에 이것이 생한다"라고 하였다. 다음과 같이, "'무명을 연緣하여 행行이 생기고 행을 연으로 식識이 생기고, 식을 연으로 명색名色이 생긴다'라고 하였고, 〔이로부터〕'큰 고통의 덩어리(고취苦聚)'가 생기는 것이다"라고 설한 내용이 있다. 이것은 마음과 물질의 기체基體들이 자신의 모양과 속성을 만드는 것이다. 이를 부추기는 의식은 밝은 지혜 작용에 역행하는 것이기 때문에 무명이라 말한다. 이것은 인아人我와 법法을 실재實在로 보는 어리석음에 휘둘리는 것으로 선善과 불선不善의 부동不動의 업을 쌓는 것이다. 식識은 습기에 물들고, 습기는 다시 갈애渴愛로부터 영향을 받아 윤회의 원동력이 되는데 이것을 '유有'라 말한다.

역주

『도간경』은 연대가 가장 오랜 대승경전 가운데 하나이다. 미륵보살과 사리불이 십이지연기설과 인과에 대해 문답 형식으로 설법한다.

초기불전의 연기설은 정립되지 않은 다양한 형태가 있으며 후내에 정형화되었다. 연기설은 크게 외연기와 내연기로 나눈다. 외연기는 인과와 같은 사물의 상호작용을 설명한다. 반면 내연기는 무명으로부터 육신으로의 탄생·노화·죽음·중음·재탄생으로 이루어진 윤회를 밝힌 것으로 12지연기로 정착되었다. 간략히 소개하면 다음과 같다.

① 무명無明	연기와 공성을 모르는 무지
② 행行	과거업과 번뇌로 인아人我의 활동을 시작
③ 식識	모태에 들어 최초 인식계가 형성
④ 명색名色	외계에 대한 의식계가 성숙
⑤ 육처六處	눈·귀·코·혀·신체·의식의 감각기 발생
⑥ 촉觸	의식과 대상세계·감각계를 조합
⑦ 수受	고통과 행복의 감수작용 발생
⑧ 애愛	특정 감수작용에 대한 애착
⑨ 취取	애착으로 인한 소유욕 발생·성숙
⑩ 유有	유정의 존재를 완성
⑪ 생生	탄생
⑫ 노사老死	늙음·병듦·죽음

증익增益은 손감損減과 함께 진리를 잘못 파악하는 것이다. 증익은 없는 대상을 확대하거나 과장하는 것이고, 손감은 실재를 부정하거나 축소하는 것으로 생각하면 이해하기 쉽다.

주석

〔유有는〕 식識과 중유中有의 결합으로 명색名色, 육처六處, 촉觸, 수受의 〔단계를〕 차례대로 완성한다. 중유와 〔유의〕 결합이 곧 생이며, 다음 변하는 것이 늙음이며, 오온五蘊의 해체는 곧 죽음이다.

역주

불교에서 유정의 세계는 크게 3계三界로 구분한다. 곧 욕계欲界·색계色界·무색계無色界가 그것이다. 욕계는 물질계로서 육체가 존재하는 세계이며, 색계는 정신계로서 정토가 그 예이다. 색계에도 오감五感, 육처六處 등 일부 감각과 외경이 존재한다. 무색계는 미세한 정신세계이다.

유정은 존재의 욕구에 따라 욕유欲有·색유色有·무색유無色有를 가진다. 육체와 물질계의 욕구가 욕유이며, 정신적 갈망은 색계 탄생의 원인이 된다. 무색유는 의식작용이 희박 하기 때문에 이를 안락하게 여기면 이곳에서 태어난다. 그러나 무색계도 무명에 속하기 때문에 업력이 다하면 색계와 욕계로 다시 전전하게 된다.

오온五蘊은 색온色蘊·수온受蘊·상온想蘊·행온行蘊·식온識蘊으로 이루어져 있다. 온蘊(skandha)이란 '쌓여져 있다'라는 뜻이다. 오온은 인간의 정신에 대해 외경의 접촉, 수용, 표상, 의식활동, 기억저장을 설명한 것이다.

① 색온(色蘊, rūpa-skandha) 물질·외경

② 수온(受蘊, vedanā-skandha) 고락·감수

③ 상온(想蘊, saṃjña-skandha) 표상·회상

④ 행온(行蘊, saṃskāra-skandha)　인식·의식
⑤ 식온(識蘊, vijñāna-skandha)　경험·기억

오온의 온蘊은 '작은 요소들의 집합'이라는 뜻이다. 연기에 의해 의식적 경험들이 축적되거나 소멸하는 과정을 설명한다. 인간은 다양한 경험을 연기로부터 구하는 연기적 존재임을 설명하기 때문에 인간의 무아를 이해하는 데 유용한 이론이다. 오취온五取蘊이라 말도 있는데, 『잡아함경』에서 "오온이 탐욕과 결합한 것을 오취온이라고 한다"라고 하였다.

주석

이와 같이 십이지연기의 순서에 의해 〔끊임없는〕 윤회 상속의 생을 받게 된다. 〔이로부터〕 갖가지 고통으로 괴로움을 받는 도리를 깊이 사유해야 한다. 〔이에 대한〕 분류, 요약, 생의 지복至福 등 자세한 것은 쫑카빠와 겔찹제, 케둡 겔렉 뺄상 부자父子의 저작을 연구해야 한다.

역주

'제2의 붓다와 부자'는 쫑카빠와 두 제자인 겔찹제와 케둡 겔렉 뺄상을 가리킨다. 쫑카빠에게는 많은 제자들이 있었지만 특히 겔찹제와 케둡 겔렉 뺄상이 가장 뛰어나 부자의 칭호를 얻었다. 실질적인 혈연관계는 아니지만 사제 간의 전승을 부자와 같은 혈연으로 표현하는 사례는 여러 곳에서 볼 수 있다.

겔찹제의 본명은 겔찹 달마 린첸(rgyal tshab rje dar ma rin chen, 1364~1432)이다. 티벳 창(tsang) 지방 리낭에서 태어났다. 10살 때 네닝빠 린첸 겔첸과 닥톡빠 쇤누 출팀을 만나 사미계를 받았다. 여러 스승을 만나 문법, 반야, 계율을 배웠고, 특히 옥(rngog) 학파의 학장으로 중관의 권위자인 렌다와 쇤누로되(red mda' ba gzhon nu blo gros, 1349~1412)와 함께 배웠으며 25세에 비구계를 받았다. 사꺄 사원과 까담빠의 사원, 까규 사원에서 수학했으나 최종적으로 겔룩의 전통에 귀속되었다. 우 지역 넬뙤 라동에 있는 사원에 갔다가 쫑카빠를 만나 주요 제자가 되었다. 1409년 간덴남계링 사원을 건립하는 데 조력하였고, 계사가 되었기. 쫑카빠 입멸 후 제2대 간덴티빠(좌주)가 되었고 이때 쫑카빠의 계승자로 곌찹(rgyal tshab)의 칭호를 얻었다. 중관, 문법, 『비밀집회딴뜨라』 등에 대한 명저를 남겼으며, 특히 『입보리행론』 주석으로 유명하다. 67세, 혹은 69세에 라사 포딸라 산에서 입적하였다.

케둡 겔렉 뻴상(mkhas grub rje dge legs dpal bzang, 1385~1438)은 창 지방 출신이다. 7살에 케첸 셍게 곌첸으로부터 사미계를 받았고, 16세 때 사꺄 사원에서 배웠으며, 보동 빤첸 직델 촉레 남곌로부터 논리학과 철학을 배웠다. 21세 때 렌데와 쉰누 로되와 함께 수학했으며 함께 비구계를 받았다. 이때 다르마끼르띠의 『양평석』, 아비달마, 미륵5부서, 중관, 율학을 배우고 1407년 우 지방을 방문했다가 세라 사원의 조성지인 세라 최딩에서 쫑카빠를 만났다. 쫑카빠로부터 현교와 밀교를 배우고 곧 그의 중요한 제자가 되었다.

짱 지방으로 돌아와 짱라 사원을 세웠으며 47세에 곌찹제의 뒤를 이어 제3대 간덴 티빠(좌주)가 되었다. 케둡 겔렉 뻴상은 9권 58편의 저작을 남겼는데, 밀교의 중요한 저작 가운데 『깔라챠끄라딴뜨라』의 주석이 유명하다. 초대 달라이라마의 스승이기도 하며, 1438년 53세로 입적하였다.

케둡 겔렉 뻴상은 후대에 초대 빤첸라마의 칭호를 얻었는데, 이 전통에는 유명한 제4대 빤첸라마 롭상최기곌첸(blo bzang chos kyi rgyal mtshan, 1570~1662)이 유명하다.

주석

〔질문〕 그렇다면 무명이 늘어나 업이 쌓이는 것은 어떻게 증명할 수 있는가?

〔답변〕 중생들은 최초 아집을 가질 때 생을 받는 유신견有身見, 즉 살가야견薩迦耶見에 의해 나를 고집하고, 나에 탐착하는 집착을 일으키게 된다. 눈과 코 등 나의 요소를 실재로 집착하는 살가야견을 일으키면 이 힘에 의해 자신의 안락에 집착한다. 다음 다른 중생의 상속(신심)에 대해 나와 다른 것이라 구분하고, 자신에 속한 것에는 집착하고, 타인에 속한 것에 여러 가지 분노(질투)를 일으킨다. 자신의 안락을 지키려는 자만自慢에 의해 생명을 죽이고, 도둑질 하는 등 〔악〕업에 빠져들게 된다.

역주

살가야견〔satkāya-dṛṣṭi〕은 산스끄리뜨어 음사에서 비롯된 말로 유신견이라 번역한다. 유신견은 주로 오온을 '나'라고 집착하는 것으로, 타인의 존재와 차별하고 아만을 일으키는 부수적 번뇌를 동반한다. 번뇌는 선천적 번뇌(구생기俱生起)와 후천적 번뇌(분별기分別起)로 나는다. 수행을 통해 분별기 번뇌가 먼저 끊어지고 구생기 번뇌가 최종 단계에서 끊어지게 된다.

나에 대한 집착을 아집이라 말한다. 내가 보는 대상 세계에 대한 집착을 법집이라 한다.

주석

거룩한 짠드라끼르띠는 다음과 같이

처음에는 나라는 자아에 집착하여
'나는 이것이다'라는 집착을 일으키나니
물레방아 돌 듯 자유롭지 못하네.

라고 하였다.

역주

짠드라끼르띠(600~650)는 남인도 출신의 불교승려로 나란다 마하위하라에서 공부했고 이곳의 최고 학장이 되었다. 그의 저작은 나가르주나와 아리야데와에 대한 것이며, 가장 중요한 것은 『중론』의 입문서에 해당하는 『명구론明句論』과 『입중론入中論』이다. 짠드라끼르띠의 생애는 티벳 문헌에 나타난다. 여기에 따르면, 짠드라끼르띠는 까말라붓디의 제자로, 7세기 이후 10세기까지는 큰 영향력을 발휘하지 못하였다. 11~12세기에 그의 저작이 북인도 카쉬미르에서 연구되었고, 14세기 전후 쫑카빠와 렌다와 쇤누로되 같은 티벳학자들에 의해 그의 중관학자로서의 중요한 가치가 드러났다.

릭뻬왕축〔다르마끼르띠〕은

누군가 '자아'를 본다는 것은 '나'라고 항상 애착하는 것이네.

등등이라 하였고, 또한,

내 것 네 것 집착하고 미움을 일으키네.
이런 것들에 묶여 있으면 모든 과실이 일어난다.

라고 하였다.

12연기의 최초의 무명인 실재의 집착은 『도간경稻稈經』에서

진실성을 보지 못한, 사견邪見에 의한 무지를
무명이라 하네.

라고 하였다. 성 나가르주나는 다음과 같이 명확히 밝혔다.

제법은 인과 연에 의해 발생하나니
그 진실은 모두 분별이라네.
붓다는 이것을 무명이라 설했으니
이로부터 12지가 발생한다네.

주석

〔질문〕 윤회가 업과 번뇌가 원인이라는 것은 쉽게 증명할 수 있지만 윤회의 상속을 끊는다는 말은 어떻게 증명하는가?

〔답변〕 이것은 매우 쉽게 증명된다. 누군가 자신의 상속(몸과 마음)을 단절할 힘을 가졌다면 그것은 상속의 단절을 충족한다.

예를 들면 “추위를 느낄 때 이것을 물리치는 힘이 무엇인지 안다는 것은 추위로 인한 소름의 원인을 제거할 지식이 있다는 것이다. 윤회도 원인을 물리칠 수 있는 무엇이 있다”라고 한 것에서 알 수 있다.

여기서 주장의 논리적 충족은 현량現量에 의해 성립한다.

역주

인명학에서 양(量, pramana)은 인식을 가리킨다. 양量은 현량現量·비량比量·비량非量의 세 가지로 구분한다. 현량은 대상을 마주하는 것으로 직접 지각이다. 비량比量은 추리에 의한 인식이다. 비량非量은 인식의 오류이다. 예를 들어 빨간 사과를 보았을 때 ‘저 사과는 붉다’라고 생각한 것은 현량이다. 작년 사과보다 올해 사과가 더 빨갛다‘라고 비교하는 것은 비교와 추론이 개입된 비량比量이다. 사과를 배라고 잘못 인식했을 때는 비량非量이다. 불교 논리학에서 성교량聖教量은 바른 생각의 근거로 붓다의 설법이나 삼장의 전거를 가리킨다.

주석

〔주장〕 그가 말하길, “주장한 법은 성립하지 않는다”고 반론할 경우가 있다.

〔답변〕 성립의 근거가 있다. 제법실상에 대해 사견邪見을 주장할 때 사견을 논파할 능력이 있으면 〔논리적 타당성을〕 충족한다. 예를 들면, ‘연기가 있는 곳에 불이 없다’라고 주장하는 증익增益의 경우처럼 ‘법의 실재를 고집하는 것은 제법실상에 대해 사견을 가진 것이다’라고 말할 수 있기 때문이다.

역주

여기서는 인명의 전문어를 반영하지 않고 번역했다. 윤회의 원인인 업과 번뇌를 끊음으로써 윤회를 벗어날 수 있다는 주장에 대해 반론자는 “주장한 법이 성립하지 않는다”고 반론하였다. 주장자는 제법실상에 대한 사견을 끊음으로써 윤회의 원인을 제거할 수 있다고 주장한다. 윤회의 원인으로서 오온을 자아의 근거로 삼아 나의 실재를 고집하는 아집과 현상계의 실재를 고집하는 법집에 대해 주장자는 제법실상에 대한 잘못된 견해라고 판단하였다. 주장자는 윤회에 대해 그 이유에 대해 업과 번뇌를 제시하고, 업과 번뇌는 자아와 세계가 실재한다는 인식오류가 원인이라 주장하였다. 윤회의 원인은 무명이며 무명은 사견에서 비롯된다. 사견의 아집과 법집을 물리침으로써 윤회의 원인인 업과 번뇌를 제거하여 윤회에서 벗어날 수 있는 해탈이 가능하다는 사실을 주장자는 논증한 것이다.

주석

〔질문〕 실재를 고집하는 무명을 물리치는 주장에 대해 고의 원인을 물리치는 것은 어떻게 증명할 것인가?

〔답변〕 이것은 두 가지, 원인과 결과를 깨닫는 양量에 의해 논증한다. 앞서 이미 말했다.

〔질문〕 그렇다면 실재를 고집하는 무명에 대해 그 대치로서 능력을 가진 것은 무엇인가?

〔답변〕 그것은 연기의 심오한 공성을 통찰하는 지혜이다. 무명으로 인한 집착을 방해하는 것으로 제법실상을 여실하게 보게끔 하는 지혜이기 때문이다.

역주

제법실상諸法實相은 현상계를 말한다. 불교에서 법法은 여러 가지 의미가 있는데, 첫째는 보편적 우주진리를 뜻하고, 둘째는 좁은 의미로 붓다가 설한 불법을 가리킨다. 셋째는 자아의 인식계와 인식대상을 구분할 때 자아를 아我, 혹은 인아人我라 일컫고, 대상세계는 법法으로 지칭해 구분한다.

여기서 제법실상은 첫째의 사례에 해당한다. 제법실상의 본성을 알지 못하면 연기성과 공성에 무지해 아집과 법집을 일으킨다. 이러한 무명은 번뇌를 조장하고 업력에 작용해 윤회의 원인이 된다.

주석

이에 근거해 무명을 물리치는 도리로서 먼저 연기를 깨달아 색色의 무자성無自性을 깨닫는 비량比量을 연마하면 그 반대인 〔실재에 집착하는〕증익을 물리칠 수 있다. 비량을 끊임없이 연마함으로써 점차 실재의 집착에 대해 그 날끝을 무디게 하고, 무자성의 뜻에 완전히 통달하여 확고한 단계에 이르면, 이변二邊의 희론戱論을 부수는 도리를 통해 실재에 집착하는 과오를 물리치게 된다. 〔견해를 닦는〕 견도見道를 마치면 〔수도修道의 단계인〕 수습으로써 실재의 종자들을 뿌리 뽑고 번뇌장도 남김없이 뿌리 뽑게 된다. 대승의 종성들은 처음부터 한량없는 자량의 도움을 받으며, 인명에 의한 결택決擇을 통해 오래도록 수행하면 마지막에 소지장所知障마저 뿌리 뽑게 된다.

역주

색色은 물질계를 말한다. 나아가 물질과 정신을 아우르는 현상계를 포함한다. 비량은 논리적 추론으로 혜학을 향상시키는 수행이다. 희론戱論은 진리를 벗어난 이론이다. 불교수행은 견도見道·수도修道·무학도無學道로 요약된다. 견도는 청문과 사유에 의한 이론 공부이며, 수도는 선정이나 지관 등의 수습이다. 유학도는 공부의 여지가 더 남아있는 단계이며 무학도는 궁극의 경지이다.

불교 성자를 구분하는 것으로 예류預流·일래一來·불래不來·아라한阿羅漢으로 이루어진 성문4과가 있다. 예류는 최초의 깨달음을 얻는 찰나이며 성인의 반열에 드는 단계이다. 일래는 번뇌의 소멸이 진행되어 윤회의 삶을 한 생만을 남겨둔 성자이다. 불래는 더 이상 육신의 윤회를 안 하지만 정신의 미세한 번뇌가 남아 있어 색계에서 수행을 계속한다. 다음 모든 번뇌는 최고의 성자인 아라한의 단계에서 완전히 소멸된다. 4대성인은 각 단계만다 진입하는 향向, 경지에 통달한 과果로 나누는데 이것을 4향4과라 말한다. 즉 예류향·예류과로부터 시작해 아라한향·아라한과로 이루어어져 있다.

주석

이에 대해 아랴데와는

연기는 이를 보는 이들이 어리석음을 벗어난다.

라고 하였고, 나가르주나는

무명을 멸하는 것은
지혜에 의한 진리의 성품을 닦는 것이다.

라고 하여 환멸연기還滅緣起의 이치로써 진실한 연기를 자세히 설명하였다.

역주

아랴데와(Āryadeva, 제바提婆, 3세기)는 나가르주나의 제자로 스리랑카 출신이다. 구마라집鳩摩羅什에 따르면 아랴데와는 남인도 출신으로 나가르주나와 함께 법法 부자父子의 관계를 구성한다. 그는 많은 외도를 굴복시켜 불교로 개종시켰으나 말년에 자신이 굴복시킨 외도의 제자에게 살해당했다. 아랴데와는 죽어가면서 그를 용서하고 불교로 개종시켰다. 12지연기 가운데 생멸연기生滅緣起는 무명으로부터 생로병사에 이르는 과정을 가리키며 이것이 순관順觀이다. 환멸연기還滅緣起는 생사의 현실로부터 무명에 이르는 과정이며, 이 과정을 관상하는 수행이 역관逆觀이다.

주석

아라데와는,

열반문涅槃門은 양자를 멸한다.

라고 하였다. 또한

〔인식대상인〕 경계에 대해 무아를 보면 존재의 씨앗을 멸하게 된다.

라고 하였다.

역주

열반에 드는 수행은 아집과 법집, 또는 번뇌장과 소지장에 대한 대치로서 인무아, 혹은 법무아를 연마하는 것이다. 인무아는 살가야견에 대해 자아의 무아를 닦아 아집을 소멸한다. 법무아는 인식세계, 혹은 물질계의 무아로서 법집을 멸해 소지장을 멸한다. 『잡아함』 15에는 "오온을 여실하게 아는 까닭에 오온에 집착하지 않는다. 오온에 집착하지 않는 까닭에 해탈을 얻는다"라고 하였는데, 이것은 살가야견의 중심이 되는 것으로 오온에 감추어진 번뇌장을 멸하는 수행이다. 위에서 "경계에 대해 ~ 씨앗을 멸하게 된다"라고 한 것은 법집을 일으키는 무명이 존재의 씨앗이 된다는 뜻이다. 씨앗의 비유는 유가유식의 종자설을 반영한 것이다.

주석

구호자 샨띠데와는,

> 모든 세부 사항에 대해 능인能仁께서는 지혜의 의미로 설명하였다.

라고 하였다.

〔또한〕 나가르주나는 다음과 같이 설하였다.

> 무상無相을 깨닫지 못하면
> 그대에게 해탈이 없다고 말한다.
> 때문에 그대가 대승에 대해
> 무상부터 갖출 것을 설한다.

등등 무자성을 깨닫는 견해는 대소승 양 수레의 수행 가운데 핵심임을 알아야 한다. 이에 대한 상세한 논의가 있다.

역주

샨띠데와(Śāntideva)는 8세기 인도 승려로 남인도 왕자였으나 출가하여 나란다 마하위하라에서 공부했다. 나가르주나의 중관철학의 계승자로, 아바야닷따는 『84성취자전』에서 샨띠데와를 84성취자 가운데 한 사람으로 지목했다. 항상 외도 주변에 살면서 외도를 교화하고 가난한 자들을 보살폈다. 그의 유명한 두 저작으로 『입보리행론入菩提行論』과 『교의섭론(Śikṣāsamuccaya)』이 있다.

능인能仁은 붓다의 별호이다. 자비를 베풀 수 있다는 뜻에서 능인적묵能仁寂默, 혹은 능적能寂, 능유能儒라 말하기도 한다.

(병 2) 두 번째, 심오한 연기의 핵심은, '이때 지혜 있는 이들에게' 등의 네 구절로 설한다.

【본송 3】

이때 안목이 있는 지자들
연기의 도가
붓다가 설한 가르침의 핵심이니
어찌 통달하지 않겠는가?

주석

풀이하면, 게송의 내용에서 지혜 있는 이들은 연기의 심오한 도가 세존의 가르침 가운데 핵심임을 모를 리가 없으며 아는 것은 당연하다. 언제나 윤회의 근본은 무명이며 이것을 물리치는 방편의 근본은 연기이다. 이에 의지하여 해탈과 더불어 일체지一切智를 구족한 법신을 성취하는 것은 바로 이 때문이다.

또한 우리의 본사, 비할 바가 없는 석가 주존께서 한량없는 법온法蘊을 설하셨는데 이 모두는 직간접적으로 심오한 연기의 진리이며, 제자들이 깨달음을 얻는 방편이다. 이 붓다의 말씀을 따르는 이들은 중생들을 해탈과 일체지의 경지로 나아가게 하며, 이 목표를 완성하기 위해 연기의 견해는 비교할 수 없는 수승한 도임을 앞서 이미 논증했다.

역주

앞서 오온五蘊에 대해 다루었는데, 여기서 말하는 법온은 불법의 집합을 가리키는 것으로, 좁게는 계·정·혜·해탈·해탈지견의 5법온五法蘊이 있다. 해탈지견解脫知見에 대해 『청정도론淸淨道論』에는 해탈에 대한 이론, 혹은 반조로 정의하고, 이를 19가지로 세분화하였다. 요약하면 계율, 선정, 지혜의 3학과 그 증과인 해탈, 해탈의 내용인 것이다. 대승불교시대에는 법신의 공덕에 대비하여 5분법신五分法身이라 하여 계신戒身·정신定身·혜신慧身·해탈신解脫身·해탈지견신解脫知見身이라 하였고, 불교의례에서는 공양의 대상으로서 5향에 대비해 계향·정향·혜향·해탈향·해탈지견향이라 하였다.

주석

동일한 주제는 대승의 논사 까말라실라께서도 설하길,

> 세존께서 설한 모든 법은 광장설廣長舌이네,
> 직접, 혹은 간접으로 진실을 밝히고
> 진리로 인도한다네.

라고 하였다.

이 도리는 다음과 같다. 모든 무상無常·고苦·무아無我·부정관不淨觀의 교설은 〔연기의〕 도에 인도하기 위한 것이다. 또한 불설인 『다라니자재왕청문경陀羅尼自在王請問經』에서 보석 세공사가 세 번 씻고, 세 번 연마하여 마니주를 치석하는 비유로써 이 뜻을 명확히 밝혔다.

역주

『다라니자재왕청문경』은 한역 『대보적경大寶積經』「불설입태장회佛說入胎藏會」 제14에 해당한다. 무상·고·공·무아는 초기 불전에서 사법인四法印을 구성한다. 법인法印은 절대적인 제법실상의 실체를 가리키는 것이다. 게송에서는 공空 대신 무아를, 무아 대신 무아를 수습하는 부정관으로 대신했다.

주석

성 나가르주나는,

무상無常 · 공空 · 고苦라고 한 것,
세 가지 수행에 의해 마음을 닦는다네.
수승한 마음은 청정하며
법은 무자성無自性에 있네.

라고 설하였다.

외계의 실재를 주장하는 두 학파는 인무아人無我를 주장하고, 능취能取와 소취所取 두 가지가 있다고 주장한다. 유식학파의 이론은 〔아공·법공〕이공二空의 지혜와 식識의 실재를 주장하지만 궁극적으로 이(연기)에 인도하기 위한 것이라 말한다.

역주

외계의 실재를 주장하는 학파는 설일체유부說一切有部와 경량부經量部의 논사들이다. 설일체유부의 관심사는 실재하는 법法을 밝히는 것이며, 마음과 물질의 모든 현상계를 실재의 법으로 인정하였다. 반면 경량부는 자아는 인식세계를 주장하면서도 외계의 실재를 인정하였다. 유식학파는 아공我空과 법공法空을 함께 주장하면서 업의 근거로서 아뢰야식阿賴耶識의 실재를 주장한다.

주석

『보만론寶鬘論』에는,

문법 교사들이
자음과 모음의 독음부터 시작하듯
일체불은 중생들에게
인욕忍辱 법부터 가르친다네.

라고 한 등등은 지존 일체지자(쫑카빠)께서 〔나가르주나의〕 논서를 인용해 주석한 것이다. 〔제2대 달라이라마인〕 지존 겐뒨 갸초께서 낮고 낮은 종학의 견해로부터 높고 높은 견해의 이해에 도달하는 사다리로 설명한 것이 『선설장론』의 내용이다.

역주

『보만론寶鬘論』은 나가르주나의 저술로, 그 내용은 한 승려가 보행왕寶行王에게 십선·육바라밀·보살십지·사무량심을 설하여 왕에게 수행과 올바른 정치를 권고하는 것으로 이루어져 있다. 초품인 「안락해탈품」에서 유무 이변과 삼세실유, 인아론과 자성론 비판 등 나가르주나 사상의 일부를 엿볼 수 있다. 위작의 비판도 있지만 티벳불교에서 매우 중시한다.

제2대 달라이라마 겐뒨갸초(1475~1542)는 티벳 창 지역 출신으로 따시룽뽀사원에 출가하였고 라사 데뿡사원에서 수학했다. 4세, 혹은 8세 때 쫑카빠의 제자였던 초대 달라이라마 겐뒨둡

(1391~1474)의 환생으로 지목되었다. 티벳불교는 이때부터 달라이라마의 환생자를 찾을 때 고승이 선정에서 신성한 라모초호수를 관상하여 환생자를 찾는 전통이 확립되었다. 겐뒨갸초는 어릴 때부터 교학과 수행에 힘썼으며, 티벳사회에 달라이라마 제도의 정착과 겔룩빠의 확장에 많은 노력을 기울이다가 1542년 앉은 채 입적하였다.

주석

〔질문〕 이것을 진리라고 주장하지만 경전에는 인아人我가 있다고 설하며, 오온도 실재한다고 설한다. 〔주장하는〕 법과 어긋나는 것은 아닌가? 어떻게 설명할 것인가?

〔답변〕 오류가 없다. 제자들은 오랫동안 외도의 견해에 익숙하기 때문에 아직 심오한 법문을 밝힐 그릇이 되지 않은 이들에게는 처음에 〔인아와 오온 같은〕 도리를 가르친 다음 외도의 이론을 밝히고 나서 〔인무아 법무아의〕 큰 진리로 인도한다. 나아가 경전의 내용을 잘 이해한 이후에는 인아의 실재를 말하더라도, 이에 대한 부정을 말해도 이익만이 있을 뿐 과실이 발생하지 않는다.

또한 이 도리를 상세히 밝힌 것은 지존 일체지자 쫑카빠의 『입중론선현밀의소』에 밝혀져 있으니 이를 참고하면 된다.

이와 같은 순서로 인도하는 도리를 살펴보면, 아리야데와는

누군가 어떠어떠한 것을 선호하고
그는 이것저것을 먼저 살펴보지만
끝내 퇴굴 한다면 정법의
그릇은 어찌해도 아닌 것이다.

라고 설하였다.

여기서, "연기의 설법은 교리 설법의 핵심이며, 연기 공성은 수행을 밝히는 설법의 핵심이다"라고 한 것에서 쉽게 이해할 수 있다.

(병 3) 셋째, 연기설법문의 찬탄이 수승한 찬탄의 문이라고 설한 것은, '이처럼 구호자 붓다에 대해' 등의 네 구절이다.

【본송 4】

구호자 붓다에 대해
누군가 찬탄의 문을 설하지만
연기의 설법보다
더 희유한 것은 없네.

주석

해설하면, 게송의 내용은 구호자 붓다를 찬탄하는 많은 문(주제)이 있지만 찬탄하는 자가 연기를 깨닫고 설법을 찬탄한다면 이보다 더 놀랍고 희유한 일은 어디에도 구할 수 없다는 것이다. 연기의 도리가 이론과 수행 법문 가운데 핵심인 사실은 앞서 논증한 바와 같기 때문이다.

역주

아난은 출가 이후 붓다 가까이서 연기의 설법을 무수히 청문했다. 어느 날 아난은 붓다에게 자신이 연기의 가르침을 많이 들어 내용을 다 이해할 것 같다고 고했다. 이때 붓다는 아난에게, "아난이여, 연기의 도리는 그와 같이 쉬운 것이 아니다"라고 평했다.

주석

또한 이와 같이 알아야 한다. 세존에 대해 네 가지 색계의 선정과 네 가지 무색계정에서 나투는 신변과 신통지 등을 찬讚하는 것은 올바른 찬탄이 아니다. 이러한 공덕은 외도에도 모두 있기 때문이다.

역주

붓다는 성도成道 전 알랄라칼라마로부터 무소유처정無所有處定을, 웃다카라마풋다로부터 비상비비상처정非想非非想處定의 선정을 배웠다. 『중아함경』 56 『라마경』에서 알랄라칼라마는, "나는 일체의 식무변처를 지나 무소유처를 성취하여 노닌다. 나는 이것을 스스로 알고, 스스로 깨닫고, 스스로 증득하였다"라고 하였다. 성도 전의 싯달 태자는 이를 배웠다. 태자는 배운 후, "이 법은 지혜로 나아가지 못했고, 깨달음으로 나아가지 못했으며, 열반으로 나아가지 못했다. 나는 이제 이 법을 버리고 다시 위없는 안온한 열반을 구할 것이다"라고 하여 알라라칼라마의 수행을 버렸다. 태자는 웃다카라마풋타의 비상비비상처정에 대해서도 똑같이 평가하였다. 붓다의 평가대로 두 선정주의자의 선정은 안락하지만 불교의 깨달음은 아니며, 무상의 진리를 깨닫지 못한 채 영원한 열반을 얻을 수 없기 때문이다.

주석

32상 80종호와 37보리분법菩提分法 등을 두고 찬탄하는 것도 위대하거나 수승하지 않다. 이만한 찬탄의 경지를 성불로 간주하는 것은 해탈을 구하는 자들의 진실한 결론이라 단언할 수 없다.

연기 진리의 깨달음과 설법을 찬탄하는 것이야말로 최고 찬탄의 문이다. 이 도리는 다른 스승들보다 성스런 본사 세존께서 설한 수승한 무상無上의 법이다. 연기 공성에 통달해야만 세존의 궁극적 의도를 이해할 수 있다. 〔또한〕 능인 존주께서 세간에 출현한 이유이기 때문에 이 도리를 밝히는 것이 중요하다.

역주

인도의 전통에서 32상 80종호는 붓다나 전륜왕轉輪王이 지닌 신체적 특징으로 초기경전인 『중아함경』을 비롯해 『빙광대장엄경』, 『대지도론』에도 설한다. 32상의 대표적인 예는 미간백호상眉間白毫相으로 미간에 흰 털이 있는 것과, 발바닥에 법륜의 문양이 있는 것으로 탱화나 불상의 조성에 반영된다. 80종호는 32상을 더 세분화한 것이다. 37보리분법은 아함에 설한 석존의 수행을 부파불교시대에 체계화한 것으로 그 내용은 사념처四念處, 사정단四正斷, 사신족四神足, 오근五根, 오력五力, 칠각지七覺支, 팔정도八正道로 이루어져 있다. 대승불교에서도 중요시되어 보살수행 가운데 제4 보살지인 염혜지焰慧地에서 37보리분법의 수행을 마친다고 하였다. 보리분은 정각의 단계라는 말이다. 조도助道는 수행을 돕는다는 뜻이고, 각지는 수행의 분류를 가리킨다.

첫째 주장의 이유는 타당하다. 『변요의불요의선설장론』에서 '자성의 공성을 연기의 뜻으로 설한 것'이 우리 본사의 다른 설법보다 특히 고귀한 것은 가장 성스런 법을 깨달았기 때문이다. 아사리(나가르주나)께서 많은 논서 가운데 "세존의 연기를 설한 문이기에 찬탄한다"라고 설하였다.

둘째 주장의 이유도 타당하다. 경전에는 다음과 같이,

> 하나의 법을 사유하는 것은
> 곧 일체법을 궁구하는 것이네.
> 제불이 설한 많은 법
> 그 모든 선설은
> 일체법의 무아이네.
> 누군가 그 뜻에 통달했다면
> 그 자리에서 배울지니
> 불법을 얻는 것 어렵지 않네.

라고 하여, 제불이 증득한 설법의 내용은 모두 연기 공성의 깨달음이며, 그 〔설법의〕 이유도 선설의 주요 목적이 제자들로 하여금 연기 공성을 깨닫게 하는 데 있기 때문이라 하였다.

셋째 주장의 이유도 타당하다. '붓다가 세상에 온 이유'는 중생들을 해탈케 하기 위한 것이다. 이것은 심오한 공성의 이치를 방편과 논리로써 제자들에게 가르치는 것이다.

주석

이것은 또한 『성자호국보살청문경聖者護國菩薩請問經』에서,

공성, 적정寂靜, 무생無生의 도리에
무지하기에 중생은 표류한다네.
자비 가진 이는 방편과,
백 가지 논리로 인도한다네.

라고 설하였다. 이처럼 연기의 이유를 사유하고 수호자 나가르주나도 인명의 논전과 예찬 등에서 오직 연기의 설법을 찬하였으며, 지존 일체지자〔쫑카빠〕도 여실하게 〈연기찬〉을 지은 것을 알아야 한다.

역주

공성을 깨닫는 수행은 유가행에서 문사수혜聞思修慧의 과정이 필요하다고 말한다. 문사수는 청문·사유·수행이다. 수행은 혜학을 우선하는데, 공성의 이해 없이 수행하면 진리를 벗어난 작의적인 사고에 그치기 쉽다. 게송에서 '방편과 백 가지 논리'를 말한 것은 혜학으로서 이해를 돕는 다양한 비유와 예제를 가리키는 것이다. 공성에 의해 번뇌장과 소지장이 멸한 적정에 이를 수 있고, 이를 통해 무생無生의 법신을 성취할 수 있다. 무생, 혹은 불생不生은 중관 사상의 핵심 주제이지만 법신의 수식어도 된다. 법신은 영원한 진리와 계합한 불신의 면모이며, 법신위를 성취하는 것은 영원성이며, 그것은 불생이기 때문이다.

(을 2) 둘째, 붓다만이 해탈을 구해 거짓 없이 성취함을 중생에게 가르친 것은 둘로 나눈다.

(병 1) 세존이 설한 가르침에는 과오가 없음을 증명

(병 2) 가르침 가운데 붓다가 해탈을 구함에 거짓이 없음을 증명함

(병 1) 〔세존이 설한 가르침에는 과오가 없음을 증명〕 이것은 둘로 나눈다.

(정 1) 첫째, 공성을 설한 경설에 과오가 없음을 증명

(정 2) 둘째, 이 비유에 있어 다른 경설에도 과오가 없음을 증명

(정 1) 〔공성을 설한 경설에 과오가 없음〕 이에 대한 증명은 셋으로 나눈다.

(무 1) 자성의 공성을 연기의 의미로 설한 도리

(무 2) 이를 인정하지 않는 자에 대한 논파를 설함

(무 3) 공성 연기의 의미를 설함으로써 증익이나 손감의 견해를 물리치는 도리

(무 1) 〔자성의 공성을 연기의 의미로 설한 도리〕는 두 가지로 나눈다.

(기 1) 요약해 설함

(기 2) 상세히 설함

(기 1) 첫째는 세 가지로 나눈다.

(경 1) 공성을 연기의 의미로 설한 도리

(경 2) 연기를 근거로 자성의 성립과 불성립의 견해에 의해 속박과 해탈이 이루어짐을 설함

(경 3) 붓다가 다른 스승들보다 수승한 것

(경 1) 〔공성을 연기의 의미로 설한 요약 해설〕 셋 가운데 첫째, 공성을 연기의 의미로 설한 도리 본문은, '어떠어떠한 연에 의지한 것의' 네 구절이다.

【본송 5】

이러저러한 연에 의지해
이러저러한 자성은 공성이라네.
이 말보다 더 희유한
선설의 도리가 어디 있는가?

주석

해설하면, 게송의 내용은 붓다 세존께서, "어떠어떠한 인연에 의지한 저러저러한 내외內外 제법의 자성이 성립하기에 공성이다"라고 설한 설법보다 더 위대하고 희유한 설법은 어디에도 없다는 결론을 밝힌 것이다. 이 설법에 의해 제자들은 "실재라고 집착하는 생각은 대상에 대한 전도된 생각이다"라고 결론 짓고, 다음 양단의 극변을 버리고 중관의 도道에 도달해 해탈의 경지를 얻을 수 있기 때문이다.

역주

내외의 제법은 정신과 물질을 가리킨다. 실재라는 말은 정신과 물질의 실존을 가리킨다. 실재하는 것은 그 속성과 모양이 있고, 항상성, 고유성이 존재한다. 연기에 의한 일시적 결합은 속성과 모양, 항상성과 고유성이 고정불변의 실재로서 존재할 수 없다. 때문에 무자성이다. 이처럼 논리적 추론을 통해 여러 주장이나 이론 가운데 바른 진리를 결정하는 것을 결택決擇이라 말한다. 결택은 삼학 가운데 혜학의 범주에 속한다. 수많은 결택의 과정을 통해 올바른 수행의 길을 결정할 수 있는 것이다.

주석

〔질문〕 그렇다면 붓다 세존는 이 도리를 어떻게 설하시는가?

〔답변〕 답한다. 는 다음과 같이,

연緣으로부터 태어나는 것은 탄생이 아니네.
여기에 탄생은 존재치 않네.
연緣에 의지하는 것 모두 공성이라 말하네.
공성을 깨닫는 것, 그것에만 힘쓰네.

라고 하였다.

또한 이처럼 알아야 한다. '본불생本不生'이다. "연기로부터 태어난 것"이 그 이유이다. 〔본불생의〕 추론에서 내린 결론으로써 상견常見을 제거하고, 무자성을 설정한다. 결론의 이유를 밝힘으로써 단견斷見을 제거하고, 인과 등의 문제를 헤아려 바른 이해를 얻어야 한다.

역주

'본불생'은 '본래 태어남이 없다'는 뜻이다. 진리로서 제법은 그것이 조작되거나 타력에 의지하지 않는 고유성이 있어야 한다. 『반야경』에는 본불생 이전에 불생不生이라는 개념이 먼저 등장한다. 경전의 무자성은 사물의 실재를 부정하는 연기법에 기인한 것이지만, 연기법의 진리는 불생인 것이다.

주석

또한 구덕具德 짠드라끼르띠도 설하길,

연기에 의한 제법의 발생은
분별로는 볼 수 없네.
때문에 연기의 바른 도리로써
악견의 그물을 모조리 부순다네.

라고 하였다.

역주

이것은 짠드라끼르띠의 중론 주석인 『명구론』을 인용한 것이다. 분별은 자아와 사물의 실재나, 그것의 영원, 혹은 소멸 등의 변견邊見을 말한다. 연기에 의한 제법의 발생은 자아와 사물의 원천적 고유성을 부정한다. 무자성, 즉 고유의 자성이 없다고 말한다. 짠드라끼르띠는 무수한 분별에 대해 악견惡見의 그물이라 표현했다. 연기의 그물을 부수는 것은 정리正理, 즉 바른 논리이며 이것은 추론의 과정이다.

무식

또한 다음의 내용도 있다.

> 상단常斷, 변집邊執 등등의 악견惡見은
> 자성 성립에 대한 집착에서 생기네.
> 실재實在의 집착을 물리치면
> 불섶이 없어질 때 발화發火도 없듯
> 변집의 견해도 생길 수 없다네.

라고 설하였다.

역주

상단常斷은 상견常見과 단견斷見을 합친 말이다. 어떤 사물이나 대상에 대해 영원하다고 보는 것이 상견이고, 반대로 영원하지 않고 소멸한다고 보는 것이 단견이다. 변집은 변집견의 줄인 말로 상견이나 단견처럼 치우친 견해를 가리킨다. 상견과 단견에 대해 초기 주제는 주로 사후 영혼이나 열반에 대해 그 실재 여부를 두고 영원하다고 보는 상견과 소멸한다고 보는 단견을 구분하였다. 주석의 게송은 자성을 실재한다고 보는 유신견有身見의 병폐를 지적한 것으로, 구체적으로 정신이나 육신을 대상으로 삼는다. 그러나 정신과 육신은 수많은 외부와의 간섭을 통해 달라지고 변한다. 그것은 항상한 것도 아니고 단절된 것도 아니기에 다른 말로 중도中道라 한다.

주석

또한 같은 논에서,

> 분별은 제법의 실재에 대한 고집에서 생긴다.
> 사물의 비실재를 살피면
> 실재는 사라지고 분별은 생기지 않는다.
> 불섶이 없으면 불도 없는 것과 같다.

라고 하였다. 이상 저술들에 많은 주장들이 있지만 글이 많을까 두려워 그친다.

역주

분별은 제법의 실재를 믿는 인식의 오류이다. 무분별은 제법의 실재를 버리고, 비실재, 즉 무자성을 깨닫는 것이다. 무분별지, 즉 무분별의 지혜는 유가행 가운데 통달위에서 얻어진다. 유가행파는 수행을 크게 자량위·가행위·통달위·수습위·구경위로 구분하였다. 자량위는 지혜와 복덕을 쌓는 것이고, 가행위는 무분별을 참구하는 것이며, 통달위는 무분별에 통달해 무분별지가 드러나는 것이다. 수습위는 무분별에 입각해 번뇌장과 소지장을 멸하는 것이며, 구경위는 불지가 드러나 보리와 열반을 성취하는 것이다. 통달위는 보살 십지의 수행 가운데 초지에 해당하며, 수습위에서 진정한 보살수행을 거쳐 금강유정金剛喩定에 도달한다. 구경위에 이르러 완전한 전식득지를 실현하고 대열반을 증득하게 된다.

(경 2) 두 번째, 연기를 근거로 자성 성립과 불성립의 견해가 속박과 해탈을 결정한다는 가르침은, '무엇인가 고집하는 어리석은 이들' 등의 네 구절이다.

【본송 6】

무엇엔가 고집하는 어리석은 이들
변집邊執으로 속박만 견고해지네.
여기에 지혜를 공고히 하는 것은
그물망을 남김없이 부수는 문이네.

주석

해설하면, 〔게송의〕 유법(주제)은 사물의 실재가 성립한다는 이론을 고집하는 실재론자들은 범부일 뿐이며 변집의 속박만을 견고케 할 뿐이라는 것이다. 연기성은 중관의 논사들이 주장하는 것으로 번뇌로 인한 분별의 유루를 남김없이 물리치는 방편〔문〕이 된다. 〔외도나 유부의〕 실재론자들은 내외의 실재들에 대해 자상自相이 존재하지 않을 경우 존재할 수 없으며, 능작能作과 소작所作, 어떤 것도 정의할 수 없다고 주장한다. 때문에 연기의 작용을 인정할 경우 이들(자상)의 존재를 인정할 필요가 있다고 주장한다. 〔이들은〕 모든 존재는 자상自相의 〔선행이〕 필요하다고 주장하며, 연기하는 것도 실재의 성립의 근거라고 주장한다. 때문에 상단의 극변의 생각을 일으키고, 정당화하고, 〔이를〕 고집한다.

역주

실재론자들은 연기가 작용하려면 정신과 물질의 선행적 자상이 있어야 한다고 주장한다. 중관학자들은 연기의 작용에서 벗어난 채 사물에 선행하는 자상을 인정할 수 없다는 것이다. 그 이유는 연기를 벗어난 사물의 가정은 상단의 분별에 떨어지기 때문이다. 선행하는 사물은 제법에 우선하는 항상성을 담보해야 한다. 연기를 벗어난 소멸도 연기의 원칙을 부정하는 것이 된다.

주석

중관학파는 연기를 근거로 무자성의 논리를 통해 변계소집성遍計所執性이나 구생俱生을 주장하는 실재의 고집을 물리친다. 이로 인한 부수적 번뇌들도 뿌리 없는 가지처럼 물리쳐 탄생의 상속을 끊게 한다.

역주

불교학파 가운데 실재론자들은 설일체유부, 경량부, 그리고 아뢰야식의 실재를 인정하는 유식학파가 있다. 중관학파 가운데 자립논증파가 주장하는 삼지작법의 추론 방식에 대해 귀류논증파는 승의제나 진리를 가정한 조건도 외도와 같은 실재의 주장에 떨어지는 것으로 파악하였다. 주석에 나오는 변계소집성은 유식학파의 이론에서 자아를 소상하는 번뇌작용이다.

구생설俱生說은 경량부의 이론으로 자아를 부추기는 유신견有身見, 즉 자아의 육신을 실재화하는 의식이 자아를 조장해 윤회하게 된다는 주장이다.

유식학파는 마음을 색성향미촉법의 전오식, 의식, 말나식, 아뢰야식으로 구분하는 팔식설을 주장하고, 마음의 속성에 대해 의타기성依他起性·변계소집성遍計所執性·원성실성圓成實性으로 나누는 삼성설을 주장하였다. 유식학파는 만법유식萬法唯識과 이공二空을 깨달음으로써 범부의 마음을 불지佛智로 전환하는 전식득지轉識得智를 함께 주장한다.

주석

제2대 법왕(달라이라마 2세)은,

> 어떤 중생들은 인연에 의지해 태어나는 것을 보고 자성을 인정하고, 자아를 고집하여 속박되기에 이른다. 〔반대로〕 지자智者들은 이를 근거 삼아 자성의 존재를 부정하고, 무자성에 대한 확고한 이해를 유추한다. 극변의 그물인 속박을 끊는 것은 연기를 근거로 무자성의 결론을 내리는 것이다. 이것은 희유한 방편이자 큰 지혜이다.

라고 설하였다.

역주

실재론자들은 연기의 작용에 대해 선천적 자성이 있어 가능하다고 말한다. 작용이 가능하려면 선천적 모양과 속성이 있어야 하기 때문이다. 중관학파 가운데 자립논증파는 연기의 주장 방식에 있어 승의제로서 법을 부여하였지만 귀류논증파의 중관논사들은 그런 방식조차 불가하다고 주장한다. 연기법이라는 진리마저 무자성이기 때문이다. 이것은 중관학파가 자립논증파와 귀류논증파로 갈라져 많은 논쟁을 벌였던 주제이다.

(경 3) 셋째, 〔이를 근거로 다른 스승보다 붓다가 더 수승함을 증명하는 것은〕 '이 선설은 다른 곳에 볼 수 없어' 등의 두 게송이다.

【본송 7·8】

이 선설善說은 다른 곳에는 볼 수 없어
설하신 분은 붓다뿐이네.
여우가 사자를 만난 듯
외도들의 주장은 희론戱論뿐이네.

희유하도다, 본사이시여, 희유하도다, 귀의할 분이시여!
희유하도다, 수승한 선설이시여!
희유하도다, 구호자시여!
연기를 선설하시는 붓다, 본사께 저는 경례합니다.

주석

본사本師라 함은 고오타마 한 분만을 인정한다. 연기의 진리는 극변의 희론을 부수는 도리이다. 이것을 붓다 외 다른 외도들이 설한 경우는 없기 때문이다.

역주

여기서 본사本師는 티벳어 뙨빠(ston pa)를 번역한 말로 '법을 선설하는 스승', '길을 인도하는 스승'이라는 뜻이다. 근본상사라는 말도 있는데, 제자를 전담하여 사제간의 인연을 맺은 스승을 말한다.

주석

〔질문〕 가삘라 선인이나 식설 선인 등은 스승이라 부르지 않고, 어찌 고오따마 한 분만을 스승이라 말하는가?

〔답변〕 이 내용에 대해서는 비유를 들면, '사자'는 갈기와 발톱, 송곳니, 크기 등에서 큰 몸을 가진 동물의 부류이다. 이를 연유로 사람을 여우, 또는 사자라는 말로 비유한다. 마찬가지로 스승이란 함은 자신의 제자에게 전도되지 않은 해탈의 도를 가르치는 분만을 가리킨다. 반면 어리석은 범부에 지나지 않거나, 과장된 말을 하거나, 꾸미는 말을 하는 외도들에는 스승이란 단어가 진실이 아닌 아첨어일 뿐이다.

역주

가삘라(Kapila)는 기원전 6세기경 붓다와 비슷한 시기에 생존했던 수행자로 불교 경전에 금두선, 적색선 등 다양한 이름으로 등장한다. 그의 사상은 수론학파(數論學派, 상키야학파Sāṁkhya)의 근간이 되었으며, 그 자신은 후손들에 의해 금태金胎신으로 신격화되었다.

까나다선인(Kaṇāda, 食屑仙人)은, 그의 저서로 알려진 승론경(勝論經, Vaiśeṣika-sūtra)이 있으며, 기원전 2세기 혹은 기원후 6세기경 생존의 여러 설이 있으며, 평소 빠라마누(Paramanu)라는 가루를 먹었기에 식설 선인으로 의역하였다. 그의 사상들은 훗날 승론학파(勝論學派, 바이세시카학파Vaiśeṣika)에 영향을 주었다. 주로 원소설에 입각해 우주와 생명, 영혼 등을 해석하였다.

인도사상의 양대 산맥인 수론학파와 승론학파가 주장하는 이론은 시조로서 각기 가삘라 선인과 까나다 선인을 중시한다. 전자는 전변설을, 후자는 적취설을 지지하는데, 먼저 전변설은 우주 최초 범(梵, Brahma)이 존재하고 이것이 전개되어 우주만물이 탄생한다는 주장에서 전변설이라 이름하였다. 때문에 삼라만상은 브라흐마의 속성이 내재되어 있으며, 영혼 혹은 그 의식적 존재를 아뜨만이라 하였다. 이들은 해탈을 위해 선정이나 유가에 해당하는 수정주의修定主義를 지지한다.

적취설의 경우 삼라만상의 근원으로서 실체, 성질, 운동, 보편, 특성, 결합의 여섯 가지 범주를 내세우고, 물질과 정신의 이원론을 주장한다. 또한 해탈을 위한 수행으로 고행주의를 지지한다.

이들은 훗날 힌두철학의 정통파를 형성하는 육파철학을 형성하였는데, 그 이름을 열거하면 상키아학파(Samkhya), 요가학파(Yoga), 니야야학파(Nyaya), 바이셰시카학파(Vaisheshika), 미맘사학파(Mimamsa), 베단타학파(Vedanta)로, 학파마다 서로 상이한 이론체계를 가지고 있다.

때문에 세존은 연기가 제법의 진여임을 깨닫고, 다른 이들도 그 길로 인도하기 위해 법을 설하기 때문에 스승이라 부른다. 제자들을 윤회의 두려움으로부터 보호하기 때문에 귀의처歸依處라 말하고, 유정들의 선지식이기 때문에 수호자라 칭하며, 극변을 떠난 연기의 의미를 백 가지의 많은 정리正理로써 가르치기 때문에 '변재辯才'라고 말한다. 반면 외도의 설객은 스승이 아니기 때문에 '저급한 설자'라 말한다.

'희유하도다'라고 말한 것은 감탄사이다.

연기를 설한 세존만이 다른 설주보다 수승한 자리에 있는 것은 타당하다. 외도들은 제법에 대해 원인 없이 존재하거나, 다른 원인에서 존재하거나, '한 가지 원인'을 주장하는 변견邊見만을 주장한다. 이들은 연기의 도리로 물리쳐 논파될 수 있으며, 연기를 설함으로써 제법의 자성을 여실하게 밝힐 수 있으며, 연기의 도리는 물질의 주장을 내세운 논리로는 훼손할 수 없기 때문이다.

이러한 진실한 이유에 의해, "오직 연기의 인연만으로 진실한 도리를 여실하게 설하고 가르치는 분이기에 세존 붓다에게 예경 하는 것이다"라고 〔게송에〕 밝혔다. 진실한 스승과 흉내만 내는 스승의 차이는 오류 없는 정리로써 가려낼 수 있으며, 〔외도의 이론을〕 선택하고 버리는 것에서 큰 지자智者의 최고의 경지를 엿볼 수 있다.

역주

12지연기는 무명으로부터 육신에 갇히게 되는 12단계이다. 무명에 의해 조장된 자아의 실재화는 감각과 애착, 취착이라는 일련의 과정을 통해 존재의 탄생으로 이어진다. 취착은 쥐고(取), 달라붙는(著) 과정이다. 네 가지로 나누는데 첫째, 욕취欲取는 욕계의 욕망으로 육신과 감각에 대한 취착이다. 아나함의 단계에서 끊어진다. 둘째, 견취見取는 견해에 대한 집착으로 변집견이 이에 해당한다. 수다원의 단계에서 뿌리가 끊어진다. 셋째, 계금취戒禁取는 외도나 종교의식에 대한 집착으로 사견과 의심이 단절된 후 성자의 흐름에 들기 때문에 예류預流라 부른다. 넷째, 아취我取는 자아에 대한 집착이다. 여기에는 다시 네 가지가 있는데, 첫째, 아치我癡는 무명이며, 둘째, 아견我見은 유신견有身見, 변집견邊執見, 사견邪見을 포함한다. 셋째는, 아만我慢으로 일곱 가지로 나눈다. 넷째, 아애我愛는 갈애로서 몸과 목숨에 대한 집착이다. 아치, 아만, 아애는 구생아집俱生我執으로서 아라한의 경지에서 끊어지고, 아견은 분별아집分別我執으로 수다원의 단계에서 끊어진다.

주석

이 내용과 동일하게 거룩한 짠드라끼르띠께서 설하길,

> 다음과 같이 세존은 제법의 발생이 인연에 의지함을 명확히 밝혔다. 제법에 대해 원인이 없다거나, 오직 한 가지 원인, 혹은 별도의 원인에 의해 발생하거나, 자신, 혹은 타인, 혹은 '양자에 의지하는 것' 등의 이론들을 물리쳤다. 물리친 근거는 세속제이다. 〔현상계의〕 제법자성은 오직 세속제에만 존재하기 때문이다.

라고 하였다. 또한,

> 연기의 여실한 가르침에 통달하기 위해 오직 여래의 전도되지 않은 의미의 설법을 여실하게 보고, 반내의 모든 주장에 대해서는 어린이들의 말과 같음을 알게 되어 〔나가르주나〕 아사리께서 깊은 믿음을 가지고 다시 세존을 특별히 여기는 것이기에 '모든 설법 가운데 제일'이라고 한 것이다.

라는 등 『명구론』에서 설한 것과 일치한다.

역주

이제설은 연기의 양면이다. 승의제는 공성으로서 제법의 본불생의 본성이다. 세속제는 현상계의 제법실상과 언명이며 분별을 빌린 차별의 세계를 가리킨다.

과단

(기 2) 두 번째 상세한 해설은 넷으로 나눈다.

(경 1) 무자성을 연기의 입장에서 펼친 것이 세존이 설한 궁극의 가르침

(경 2) 세존이 일체법의 자성의 공성을 설하는 방식

(경 3) 무자성이면서 연기의 작용을 용납함을 설함

(경 4) 자성의 공성이 인과의 체계에 부합할 뿐 아니라 연기는 극변의 견해에 의지하지 않기 때문에 수승한 설법이라 찬탄함

(경 1) 첫째, 〔무자성을 연기의 입장에서 펼친 것이 세존이 설한 궁극의 가르침〕 셋으로 나눈다.

(신 1) 연기를 보지 못하거나, 본다 해도 그 내용의 무자성을 알지 못하는 이들은 세존의 종학을 깨닫지 못함을 설함

(신 2) 자성의 공성을 연기의 의미로 드러낸 것이 불교의 궁극적 가르침임을 드러낸 내용

(신 3) 자성의 공성을 연기의 의미로 드러낸 양〔인식〕을 설함

(신 1) 〔연기를 보지 못하거나, 본다 해도 그 내용의 무자성을 알지 못하는 이들은 세존께서 설한 종학의 도리를 보지 못함〕 첫째는, '요익자 붓다는 중생의' 등의 두 게송이다.

【본송 9·10】

요익자 붓다는 중생의
치유를 위해 법을 설하네.
가르침의 핵심은 공성이며
요의의 논리는 비할 바 없네.

연기의 도리에
어긋난 이론들 합당치 않나니
깨달음만이 붓다의 진리
어찌 알 수 있을까?

주석

해설하면, 유법 게송의 내용은 오로지 중생을 돕는 붓다 세존 당신만이 생사의 광야에서 고통받는 중생들을 수승한 치유인 위없는 해탈로 인도하기 위해 가르침을 설하고, 깨달음의 선설은 심오한 핵심인 공성을 결택 하는 기초이자 비교할 수 없는 근본이다. 일체법은 이 연기의 도리 하나밖에 없으며, 〔외도 논리학자인〕 금강설선인과 일곱 논리학 문헌에 나오는 중관 이론의 모든 정리正理는 끝내 여기서 다 끝난다. 모든 제법 각각의 근거는 결정코 가립에 의한 것을 결론 내릴 수 있기 때문에 〔제법의〕 무자성을 쉽게 판단할 수 있다.

이 거룩한 근거와 다른 주장을 펴는 불교의 여타 학파와 합당치 않은 주장을 하는 다른 종파들을 어떻게 하면 붓다의 심오한 가르침을 이해할 수 있게 할까? 그것은 불가능하다. 심오한 뜻을 이해하기 위한 논거의 기초부터 벗어난 편에 서기 때문이다.

역주

금강설선인은 식설선인이라 이름하며 티벳불교의 종학에서 족목선인과 함께 승론학파의 원조가 되는 선인들이다. 승론학파와 동일한 이론을 지지하는 것은 니야야학파, 혹은 정리학파正理學派로 승론학파의 이론을 인도 전통논리학으로 지지해왔다. 이들의 공통점은 극단적인 실재론자라는 점으로 실재를 실체·성질·운동·보편·특수의 여섯 범주로 구분하고, 실체의 예를 들면 흙·물·불·공기·아카사·시간·공간·아트만·마나스의 아홉 가지가 있다고 주장한다. 일곱 논리학 문헌은 다르마끼르띠의 일곱 인명 저술로 중관 사상의 논리적 전개를 내용으로 삼는다. 주석의 내용은 외도와 더불어 불교의 다른 학파인 설일체유부·경량부·유식학파에 대해 연기에 기초한 가립과 무자성의 본의를 벗어났다고 설하는 것으로 상호 주장과 논쟁의 역사가 오래되었음을 밝히는 것이다.

주석

다른 주장을 펴는 것은 유식학파 이하 불교 종파이지만 연기를 요약한 무자성에 대해 자립논증학파도 〔본질과〕 다른 주장을 편다. 여러 내용을 구분해 살펴보면, 어떤 이들의 주장에서 나가르주나와 여러 논사들의 이론에 네 극변에 의한 발생을 부정하는 많은 이론을 설하는 와중에 이론의 핵심을 오직 연기론으로 꼽는 이유에 대해 의심을 낸다.

역주

나가르주나에 의해 창시된 중관사상은 후대 학자들에 의해 불교논리학과 맞물려 크게 양 이론으로 나누어진다. 티벳 승려 빠찹니마닥은 중관사상의 주석방식을 두고 자립논증파自立論證派와 귀류논증파歸謬論證派로 구분하였다. 최조의 발난은 붓다빨리따의 『중론中論』 주석에 대해 바브하비베카가 『반야등론般若燈論』에서 비판을 시작한 것으로부터 발생하였다. 짠드라끼르띠는 『명구론』에서 다시 바브하비베카를 비판하고, 붓다빨리따를 옹호하였다. 바브하비베카는 디그나가의 인식논리학을 도입하여 종인유宗因喩 3지 작법의 추론식을 갖추어 중관사상의 주제들을 논증하려 시도하였지만, 이 경우 『중론』의 주제들은 '9가지 잘못된 주장'에 포함되게 된다. 바브하비베카는 '승의제勝義諦의 입장에서'라는 단서를 달아 논리적 모순을 극복하려 했지만 짠드라끼르띠는 붓다빨리따의 주석처럼 비판을 통해 진리를 드러내는 방식을 옹호하고 중론의 명제를 주장으로 내세우는 것은 올바른 것이 아니라고 하였다. 이를 시

점으로 바브하비베카를 옹호하는 학파는 자립논증파, 짠드라기르띠와 붓다빨리따를 옹호하는 측은 귀류논증파라 이름하기 시작하였다.

과단

답한다. 이것은 둘로 나누어 설명한다.

(임 1) 첫째, 연기의 의미를 파악하는 것

(임 2) 둘째, 여러 이론異論들의 요점은 한 곳에 모임

(임 1) 첫째, 〔연기의 의미를 파악하는 것〕

주석

첫째, 외도들은 연기의 이치를 인정하지 않는다. 『변요의불요의선설장론』에 따르면, "〔외도는〕 인아와 제법에 대해 '인연에 의한 발생'이라는 연기를 주장하지 않고, 〔고유의〕 실재를 주장한다. 〔또한〕 다른 학파들은 상단常斷이라는 견해의 구덩이에 빠져 있다"라고 설한다. 짠드라끼르띠의 『육십정리론석』에도, "외도는 연기에 의한 발생이 아니라고 주장한다"라고 설한다. 이런 주장은 정리에 의해 증명된다.

불교의 학파들은 연기를 인정하는 면에서는 모두 같지만 주장하는 방식은 차이가 있다. 설일체유부·경량부·유식학파들은 유위법有爲法이 인연에 의지해 발생하는 것을 연기로 주장하지만, 무위법無爲法에 대해서는 연기를 주장하지 않는다.

아사리 바브하비베카(淸辯)와 산타라끄시따(寂護)는 학파의 분류상 자립논증파自立論證派에 속한다. 인연에 의한 발생과 〔동시에〕 자상自相에 의한 발생을 연기의 의미로 주장하며 유위법과 무위법 양자 모두를 연기로 인정한다. 이에 대해 상세히 알려면 다른 전적에서 구해야 한다.

중관학파 가운데 귀류논증파歸謬論證派는 인연에 의지한 발생과 자상에 의지해 발생하는 연기를 주장하지만 〔다른 학파들과〕 공유하지 않는 것은 연緣에 의한 가립假立만 연기의 의미로 주장한다.

이에 대해 짠드라끼르띠는 설하길, "보병 등의 제법은 자신의 원인으로써 자생自生, 타생他生 등 다섯 가지 기준으로 관찰할 경우 존재하지 않는다고 말한다. 반면 연緣에 의한 가립에 의해 벌꿀과 물과 우유가 존재하고, 물 등의 작용을 허용하니 이 어찌 희유하지 않은가?"라고 하였다.

역주

귀류논증파는 자상의 존재를 인정하지 않는다. 자상이 존재하지 않으면 일체의 공능을 인정하기 어려울 것 같지만 귀류논증파는 자상마저 공성으로서 부정한다. 연기는 제법에 대해 가립에 의해 일시적으로 존재하거나, 임시로 이름을 세웠다고 주장한다. 즉, 가립, 혹은 가명은 공성인 동시에 공능을 가진다. 자립논증파가 전제한 자상은 스스로를 모순에 빠뜨린다. 귀류논증파는 사상을 부정한 완전한 부정이 공능에 모순되지 않는다고 주장하는 것이다.

'자체와 자체와 다른 것'이란 말은 나가르주나의 중관사상에서 제법의 발생은 네 가지 기준을 벗어나지 않는다는 것으로 첫째, 자체로부터 발생하는 자생自生, 둘째, 타인으로부터 발생하는 타생他生, 셋째, 자체와 타인의 공동의 원인으로부터 발생하는 자타공생自他共生, 넷째, 의지하는 원인 없이 발생하는 무인생無因生의 네 가지이다. 여기에 인연화합생 因緣和合生을 포함하면 제법발생의 주장은 모두 다섯 가지 범주 가운데 어느 하나에 속한다는 것이다.

주석

연緣에 의한 가립에 대해 아사리 아라데와는

일체는 다시 부분으로 나누어지고,
〔부분은〕 또다시 부분으로 나누어진다.

라고 주석하였다. 이에 대해 거룩한 짠드라끼리뜨는 보병의 경우 진흙 등 여러 부분에 의지해 자체가 형성된 것을 보병이라는 개념으로 일시 정의한 것(가립假立)뿐이다. 마찬가지로 진흙으로부터 분자에 이르는 결합과 더불어 다른 한편 근根과 경境과 심心과 심소心所, 사대종四大種 등 여러 가지 가립의 토대에 의지해 가명을 삼아 파악하고, 이는 오로지 가립이라 말한다. 이것은 많은 논리에 의해 상세히 논증이 이루어진다. 이에 대해 『중론』의 주석과 『입중론』 본송과 주석 등을 연구해 알아야 한다.

역주

가립이라는 것은 연기에 의해 성립된 사물에 대해 임시로 이름을 붙여 정의하거나 한정하는 것이다. 여기에 속성과 모양, 공능, 즉 작용이 부여된다. 외경으로서 제법실상을 이루는 사물은 보병의 경우 진흙으로부터 사대 원소에 이르기까지 세분화된다. 가립은 근경식根境識으로 이루어진 의식작용이다. 제법실상은 세속제로서 가명이며 가립이지만, 그 배경은 혹은 외경과 심식의 연기적 산물로서 분별심이며, 그 실존은 존재하지 않는다.

(임 2) 둘째, 여러 이론異論들의 요점은 한 곳에 모임

주석

둘째, 두 가지 무아〔인무아·법무아〕의 논증과 관련된 불가득不可得의 이유(因)에 대한 모든 핵심은 연기의 정리正理에 모아진다.

『중론』에는,

연기에 의해 발생하는 모든 것
그것이라 했을 때 이미 그것이 아니며,
그와 다른 것이라 해도 그것이 아니네.
때문에 단斷도 아니고 상常도 아니네.

라고 하였고, 『출세간찬』에는,

고苦를 스스로 지은 것이라 하거나(자생)
다른 것이 지었다거나(타생), 양자가 지었다는 것(공생),
원인 없이 생겼다(무인생)고 생각을 펴지만
붓다는 연기를 설하시네.
연기로부터 생하는 모든 것
붓다는 공성이라 설하니
제법의 무자성은
비할 이론이 없는 붓다의 사자후라네.

라고 하여, 연기의 논리에 의해 일이一異와 상단常斷의 변견邊見과, 생멸의 네 가지 변견에 대해 변견의 고집을 물리칠 것을 설하였다.

역주

주석자가 『중론』의 전거를 든 내용은 항상성과 단절의 관점에서 말한 것이다. 여덟 가지 관점은 생멸生滅·상단常斷·일이一異·거래去來이며, 이것이 『중론』의 설법을 이끄는 중심이 된다. 나가르주나가 귀경게에서, "생겨나지도 않고 소멸하지도 않으며(생멸), 항상하지도 않고 단절된 것도 아니네(단상). 동일하지도 않고 다르지도 않으며(일이), 오는 것도 아니고 가는 것도 아니네(거래). 희론을 적멸한 연기를 설하신 정각자, 제일의 설법자에게 정례합니다"라고 한 것에 잘 나타난다. 『중론』은 「관인연품」을 비롯해 27품 448게송으로 이루어져 있으며, 내용 가운데 외도의 견해를 비판하지만 동시에 불교도로서 무아와 인과, 열반과 해탈, 시간과 생성, 소멸 등 다양한 주제를 통해 희론과 오류를 비판한다. 중요한 품은 초품인 「관인연품」이다. 제1게를 소개하면, "어떤 것이건 어느 곳이건, 자생自生도 아니고 타생他生도 아니며, 양자로부터 생하는 것 아니며, 원인 없이 생기는 것도 아니네"라고 하여 연기를 통해 존재하는 제법의 실상을 먼저 밝힌다. 제법은 스스로 자신을 만들지 못하며 타인으로부터 만들어지는 것도, 양자로부터 혹은 원인 없이 존재할 수 없다고 설한다. 제법이 연緣에 의해 존재한다면 그 자성을 상정할 수 없으며 때문에 타성조차 그 자성은 부정된다.

짠드라끼르띠는 인무아를 논증하는 논증(인명因明)의 중심에는 일곱 가지 논리(정리正理)가 있으며, 법무아 논증의 정리 중심은 네 변견邊見의 주장을 물리치는 것이라 하였다. 짠드라끼르띠는 이 두 가지 〔논증의〕 핵심은 연기의 정리로 귀결된다고 『입중론』 본송과 주석에서 말했다.

또한 『입중론』에는 다음과 같이,

원인이 없거나, 자재천自在天의
능력이나, 자타 양자에 의한 것은
제법 발생의 〔원인이〕 아니네.
때문에 인연에 의해 생긴다고 말하네.

라고 하였고, 또한 〔『입중론』에는〕

진여의 것이든, 세속의 것이든
일곱 가지 방식으로 그들은 존재하지 않는다
말하지만
이를 살피지 않을 땐 세상의 모든 것
자체에 근거한 가립일 뿐이라네.

라는 선설로 이론을 폈다.

만약 새싹 등의 발생을 명칭(언명)으로 임시 정의한 것에 대해 그 내용을 살펴보면, 네 극변(四邊)으로부터 발생할 수 없다는 결론을 얻을 경우 이들의 발생은 가립일 뿐이라는 결론을 얻는 추리력에 의해 나오는 것이며 발생을 언명의 가립(가명)뿐이라는 결론을 얻을 경우 기다릴 것 없이 발생의 언명을 세우는 것에 대해 그 본의를 구할 경우 구할 수 없다는 결론도 내릴 수밖에 없다. 네 극변에 의한 발생을 부정하는 논리의 핵심은 연기의 논리와 만나는 것이기 때문에 이와 같이 일곱 가지 논리의 핵심에 속할 수밖에 없는 도리를 알아야 한다.

역주

가립과 가명은 임의로 명칭과 속성을 세운다는 뜻이다. 인간의 인식계에서 제법실상의 모든 존재는 그렇게 결정된다. 항상하거나 변치 않는 속성, 혹은 외연과 전혀 무관한 독립적인 실존은 존재할 수 없는 것이다. 인간은 끊임없이 학습하고 경험하고 성장하는 과정에서 매 찰나 다른 인간으로 변한다. 매 찰나에 한 인격은 죽음을 맞이하는 것이다. 우리가 화분과 꽃이라 부르는 것도, 화분은 흙과 도예라는 인간의 문화적 산물이지만 이것도 역사의 눈에서는 일시적인 과정이다. 꽃도 무수한 자연환경의 진화적 산물로 씨앗과 줄기, 꽃과 꿀을 통한 번식의 기회를 도모한다. 연기는 인간과 자연, 환경이 실존하는 거대한 망을 제공한다. 인간은 이 망 위에서 노닐며 행복을 찾는 불안한 벌레와 같다. 인생은 확실히 불확실하며 영원할 수 없는 일시적인 공간이다. 인생을 통해 사랑하고 성공하고 성취하려는 필사적인 목표가 있겠지만 그것은 인간이 가득 쌓아놓은 환경, 생태, 인문, 산업의 거대한 성에서 나와 연기적으로 만난 일부의 질서를 학습하고 향수할 뿐이다. 인생의 절정기를 지나면 인간은 인간의 사회적 더미가 제시한 정상에서 점차 멀어지고 질병, 이별이 찾아온다. 인간은 진실을 구하지만 사회와 환경은 의식적 정의와 그림일 뿐이다. 무상과 거짓으로 가득 찬 세상의 인간이 누리는 행복은 일시적인 기만인 것이다.

주석

이와 같이 이해하는 것은 중요하다. 제2 법왕은,

이와 같이 연緣에 의한 발생과,
연緣에 의한 가립의 논리에 의해
자생自生 등의 네 가지 발생과,
자성自性의 일이一異 등 칠상七相과
인아人我을 멸하는 것이
모든 이론 가운데 최고임을 기억해야 한다.

라고 설하였다.

연기의 논리에 의해 양단을 단번에 뿌리 뽑고, 또한 관련된 불가득의 논리에 의해 증익의 견해들을 물리치고, 단견에 가로 막히지 않으며, 무자성을 깨닫는 비량比量을 내는 것으로 정해定解에 의지한 가립의 이치를 확고히 아는 것이 필요하다. 말할 것이 많지만 여기서 그친다.

역주

연기는 인연因緣과 연연緣緣, 차제연次第緣과 증상연增上緣의 사연四緣으로 구분한다. 나가르주나는 연기를 주제로 제법의 불생不生과 불멸不滅을 논증하며 따라서 열반이나 해탈도 존재할 수 없다고 설득한다. 팔부중도의 논리는 자아와 대상세계의 모든 현상이 연기하는 것으로 본래 나지도 않으며 소멸하지도 않는다고 말한다.

과단

(신 2) 〔자성의 공성을 연기의 의미로 드러낸 것이 불교의 궁극적 가르침임을 드러낸 내용〕

둘째, 셋으로 나눈다.

(임 1) 석존께서 공성을 연기의 의미를 이해하는 것이 무자성의 공용이 타당함을 주장하는 것

(임 2) 이것을 이해하지 못하면 극변에 떨어짐을 주장

(임 3) 때문에 연기와 공성은 서로 거스름이 없는 무니의 사상을 궁극적으로 보임을 드러냄

(임 1)〔석존께서 공성을 연기의 의미를 이해하는 것이 무자성의 공용을 설명하는 데 합당함을 밝힘〕
첫째는, '만약 그대가 공성을'의 한 게송이다.

【본송 11】

그대가 만약 공성을
연기의 의미로 파악한다면
자성의 공성이
작용을 용납해도 틀린 것 없네.

주석

해설하면, 양量의 설자인 능인 존주께서 설하길,

제법의 실상을 구하는 자들은 항상 〔제법의〕 발생에 대해 자성을 부정하는 공성이며, 공성에 의지한 발생이나, 연에 의지한 가립을 연기의 의미로 볼 경우 유가자로서 생각 가운데 일체법 자성의 성립은 티끌도 존재할 수 없다는 공성과, 인과因果와 취사取捨 등 모든 능작能作과 소작所作의 작용을 용납하면서도 거스르지 않고, 조금도 어긋남이 없다는 결론을 내릴 수 있다.

라고 설하셨다.

역주

연기는 현상계에서 일어나는 일이다. 무자성의 실상은 조금도 틈을 주지 않고 생명과 물질의 작용으로 온 우주를 채운다. 그러면서도 그 실체는 특정할 수 없는 불가득이다. 그렇지만 모든 사물은 공능이 있으며 그것이 모여 현상계를 이룬다. 무자성이자 불가득이지만 공능을 가지고 작용으로 법계를 뒤덮는다. 무자성의 본성은 승의제를 가리키며 현상계는 속제라 말한다.

주석

유가자가 공성을 연기의 의미로 이해할 때 자성은 공성이지만 모든 능작과 소작을 용납하는 것에 대해 〔이를 부정하는〕 반론들을 논리에 의해 물리치는 통찰력을 〔비로소〕 갖게 된다. 이때 공성을 연기의 의미로 해석하는 것에 대해 아사리 나가르주나는,

연기의 모든 이론
이것을 공성이라 말하네.
또한 연緣에 의해 가명을 세우나니
이것을 중도中道라 말하네.

라고 설하였다.

역주

연기의 무자성설의 논파대상은 실재에 대한 고집이다. 나가르주나는 실재의 오류에 빠지는 인식을 생生·멸滅·단斷·상常·일一·이異·거去·래來로 나누고 이에 대한 부정을 팔부중도, 즉 여덟 가지 부정에 의해 중관사상을 드러내었다. 팔부중도에 미진하면 절대 해탈을 얻을 수 없다. 자신의 어떤 사고가 실집實執의 오류에 빠져 있으면 그물에 걸린 물고기처럼 빠져나올 수 없으며 해탈에 이를 수 없다. 경전을 다독하고 염불을 많이 해도 혜학에서 막히면 붓다라도 건질 수 없다. 오로지 연기만이 혜학에서 결택해야 할 기초가 됨을 강조한 것이다.

주석

〔질문〕 묻는다. 연기와 공성을 동일한 의미로 말다면 이것이 어찌 타당하겠는가? 가죽북을 병이라 주장하는 것과 같다. 싹이 연緣에 의지해 발생한다는 결론으로부터 싹의 무자성에 대한 결론을 내리게 되지만, 연기를 설명하는 말에서 직접적 의미가 공성이라 주장하면, 그 말에 과실이 있게 된다. 비록 연기의 본의를 결정하는 의미로 주장한다 해도 타당하지 않을 것이다.

〔답변〕 이해하기 어려운 부분을 말해야 한다. 공성과 연기를 동일하다고 한 것은 〔그 같은〕 견해를 모두 검토한 중관학자들의 생각을 나타낸 것으로 다른 자들의 말이 아니다.

중관학자들은 내외(마음과 대상)의 제법이 인연으로부터 발생하며, 연에 의한 가명을 연기의 정의라고 직접 결론 내린다. 이러한 사고력에 의해 싹의 자성을 무자성이라 정의한다. 이로써 자성의 존재에 대해 타인에 의지하는 것은 옳지 않으며, 이것(무자성)과 연기 양자의 차이도 논리로 파악할 수 있기 때문이다.

때문에 견해를 깨닫고, 체험하길 구하는 자들은 제법이 인연에 의지함을 보고, 청문하고 암기하지만 이것을 이유로 삼아 동기로 삼아 무자성이 존재하는 도리를 알려고 노력해야 한다. 이것은 타생他生에 대해서도 무자성의 공성을 직접 말하지 않지만 연기법을 설함으로써 공성의 견해에 능숙하게 된다. 이것은 마승馬勝과 사리불舍利弗의 일화에서 보는 바와 같다.

역주

마승馬勝은 석가모니 붓다의 첫 다섯 제자 가운데 한 사람이었다. 마승은 행동거지에 위의가 있는 것으로 유명하였는데 당시 외도 산자야의 제자였던 사리불舍利弗이 우연히 보고 마승에게 스승의 가르침을 물었다. 마승은 자신은 잘 모르지만 스승 석존은 인연법을 설한다고 답하였는데, 사리불은 단박에 큰 깨달음이 있어 도반인 목건련과 함께 250명의 제자를 거느리고 붓다에게 귀의하였다. 이 소식을 듣고 사화외도事火外道였던 우루빈나 가섭, 나제 가섭, 가야 가섭도 일천 명의 대중을 거느리고 붓다에게 출가하였다.

주석

이 도리는 제2대 법왕께서 중관의 학자들에게 가르친 것은 다음과 같이,

원인에 의지해 결과가 발생하는 진실한 실견實見의 지혜에 의해 다른 견해에 의지하지 않고 대상을 부정하는 공성을 얻게 되는 도리와, 진실한 인과의 논증의 방식에 의해 다른 논증에 의지하지 않고 존재의 극변을 물리칠 수 있는 공성을 논증하는 도리에 의해, 진실한 인과를 두고 마음의 심연으로부터 확고한 이해를 성취하면, 다음 모든 대상의 부정을 갈등 없이 성취할 수 있다

라고 설하였다.

또한 나가르주나 부자의 교설 등 많은 이론이 있지만 다른 곳에서 다루겠다.

이와 같이 공성과 연기를 하나의 의미로 보면 모든 작용의 성립도 타당하게 된다. 『중론』에는 다음과 같이,

만약 공성이 타당하다면
일체도 타당하게 될 것이다.

라고 하였다.

이를 주석한 진실자 짠드라끼르띠는,

만약 일체법 자성의 공성이 맞다면
이를 주장하는 모든 이론도 타당하다.

라고 하여 사제四諦나 삼보三寶 등 모든 교설에 대해 상세한 설명을 개시하고 있다.

(임 2) 〔이것을 이해하지 못하면 극변에 떨어짐.〕
둘째, '반대되는 견해들은' 등의 한 게송이다.

【본송 12】

〔연기를〕 반대하는 견해들은
공성의 작용을 인정하지 않으며
작용은 공성을 세울 수 없다 주장하기에
고통의 수렁에 떨어진다 말하네.

주석

해설하면, 수호자 나가르주나는 다음과 같이,

만약 공성을 연기의 의미로 보는 것과 반대로, "제법실상에 자상이 성립하지 않는다면 연기는 타당하지 않다"라는 주장의 견해는 자성의 공성의 〔주장과 달리〕 속박과 해탈 등의 모든 작용이 타당하지 않게 된다. 작용을 가진 것에 대해 자성의 공성을 부정하는 주장을 굳히게 되면, 불합리한 결론으로 고통을 부르는 상단常斷의 큰 수렁에 떨어지는 주장을 펴게 된다. 이것은 두 가지 극변을 소멸하는 방편의 핵심으로서 중관의 도를 벗어나는 것이기 때문이다.

라고 하였다.

여기서 수승한 〔중관파는〕 이름을 자립논증파自立論證派라 하며 이들은 중관사상을 주장하지만 곧 변견邊見에 떨어지는 부류로 간주한다. 이들도 자체의 성상性相을 주장하기에 공성을 두고 모든 작용은 부당하다고 주장한다. 이에 대해 케둡 겔렉 뻴상은,

> 자립논증의 중관학자들도 실재의 성립을 이름(언명)일 뿐 주장하지 않지만, 언명이라 하더라도 자상의 성립을 주장하는 것은 공성과 작용의 타당에 오류가 없다는 것을 모르기 때문이다. 자상의 성립을 인정하고, 이러한 견해를 버리지 않기 때문에 모든 〔성문 · 연각 · 보살의〕 삼승이나 심지어 거룩한 수행도인 딴뜨라에도 생기차제의 방편이 없다고 주장한다.

라고 설하였다. 자상의 주장으로 공성과 연기가 서로 어긋나지 않는 도리를 알지 못하면 모든 작용은 타당성을 잃게 된다.

역주

자립논증파는 논리식을 세우기 위해 승의제나 공성의 언명을 세운다. 그러나 언명은 성상을 필연적으로 수반하고 그 공능도 어쩔 수 없이 갖게 된다. 자립논증파는 '승의제의 입장에서~'라는 단서를 붙여 승의제로서 공성을 내세우지만 귀류논증파는 그조차 연기성과 공성의 전제에 어긋난다고 주장한다. 귀류논증파는 일체의 실재를 부정하며, 제법실상은 속제로서 일시적 가명에 의한 연기성이자 공성이라 말한다.

때문에 성 나가르주나는,

> 만약 공성이 타당치 않다면
> 일체도 타당치 않다.

라고 설하였다. 붓다빨리따의 〔주석에는〕

> 만약 일체 제법의 자성이 존재한다는 견해를 따르면, 이때 그대는 제법의 인因과 연緣이 없다는 견해를 갖게 된다. 결과와 원인, 속성과 작용, 능작과 소작, 발생, 소멸, 결과 등도 부정하게 된다.

라고 하여 생멸과 속박, 해탈의 모든 정의도 타당치 않게 된다고 설한다. 마찬가지로 거룩한 짠드라끼르띠도 매우 자세한 해설을 편다. 상단常斷의 극변에 빠지는 도리는 외도들의 경우 항상한 자아를 주장하거나, 천주天主, 자재천 등이 영원하며 실재한다고 고집하는데 있다. 설일체유부처럼 항상한 허공의 주장도 상견의 변견에 속한다. 외도 가운데 해탈과 일체지자一切智者, 업과業果 등을 비난하는 자들도 단견의 변견에 떨어진 것으로 평가한다. 이들은 이해하기 쉽다.

주석

우리 학파(중관학파)에서 자상自相을 허용하는 경우 상단의 극변에 떨어진다고 한 것에 대해 수호자 나가르주나는,

만약 자성이 존재하면
그것은 허무가 아닌 항상이네.
만약 과거의 존재가 소멸하면
이때는 단견에 떨어지는 것이네.

라고 하였다.

이에 대한 주석에서 붓다빨리따는,

만약 자성이 존재하다가 다음에 사라지는 것은 타당치 않다. 자성은 변치 않는다. 때문에 자성의 견해는 상견常見이다. 제법이 앞서 존재하다 현재 없어지면, 그런 제법의 주장은 단견斷見이 된다.

라고 하였다. 제법의 자성이 존재하면 제법의 실상實相(모습)이 있어야 한다. 자성을 버린 제법은 존재할 수 없기에 제법은 실재해야 한다. 때문에 제법을 항상 인정해야 하며, 자성의 존재는 제법으로 성립하게 된다. 만약 이것이 다음 찰나에 소멸한다면 실상은 사라진다. 때문에 상단의 극변에 빠진다고 주장하는 것이다. 이 내용은 『명구론』에도 나오니 잘 살펴야 한다.

주석

모든 단견은 단견의 근거로서 사물을 먼저 인정할 필요가 있다. 논리적 충족(변충辯充)은 성립하지 않지만 자립논증파와 설일체유부의 주장은 상단常斷의 극변에 떨어지는 경우로 예를 든 것이다.

경전에는,

공空이 조금이라도 부정된다면
붓다는 단 한 번의 〔성불의〕 수기도
받지 않았을 것이다.
고유한 사물이 영원히 존재한다면
늘어남도 없고 쇠퇴함도 없을 것이다.

역주

고유한 불변의 사물이 존재한다면 상견이다. 존재하지 않는다면 단견이다. 증감이 없다면 상단의 존재는 현상계에서 죽은 것이다. 자원과 소통하는 생명현상도, 정신현상도 기대할 수가 없다. 물질뿐만 아니라 정신의 증감도 없다. 때문에 정신과 영혼의 고유성도 실재할 수 없다.

설일체유부는 제법을 5위75법, 즉 다섯 가지 범주와 세부적인 75가지 법수로 나누었다. 5위는 크게 현상계를 구성하는 유위법과 그렇지 않은 무위법으로 나누었는데, 유위법에 대해 색법·심왕법·심소법·심불상응행법으로 나누고, 무위법은 제법 가운데 현상계에 관여하지 않는 것으로 허공·택멸·비택멸을 포함한다. 택멸무위는 사성제의 수행에 의해 무루의 지혜를 성취함으로써 얻은 열반을 가리키며, 비택멸무위는 지혜가 관여하지 않은 현상계의 적멸을 가리킨다. 대승불교의 유식유가행파에서는 5위 100법을 주장하는데, 무위법에 대해서 설일체유부의 무위법에 부동不動·상수멸想受滅·진여를 더해 6무위를 주장한다.

설일체유부나 자립논증파는 그것이 사물이건 가명이건 선행되는 실재를 상정한다. 그 존재는 불변이고 주변 사물과 관계를 가질 수 없으며, 선행의 존재로 인해 성불은 불가능하게 된다.

(임 3) 〔연기와 공성의 무차별이 붓다의 궁극적 교설임을 밝힘〕

셋째, '때문에 붓다의 가르침에서 연기를 보는 것을 높이 찬탄하네'의 두 구절이다.

【본송 13-1】

때문에 붓다의 가르침에서
연기의 견해를 높이 찬탄하네.

주석

해설하면, 공성과 연기를 다르게 보는 견해의 과실은 말한 다음 능인왕의 가르침인 여기에 있다는 것을 밝힌다. 연기의 도리에 의해 제법의 진실성을 보는 것은 지혜자들이 칭송하는 것으로 이 도리만으로 극변을 물리치고, 설법의 핵심인 심오한 반야바라밀을 깨닫게 된다. 이것은 낮은 종학으로 알려진 공共의 연기가 아니며, 이 이론은 불공不共으로서 관대觀待에 의해 세운 연기의 도리이다.

역주

불공不共은 공유하지 않는다는 말이다. 반면 공共은 공유한다는 말이다. 불공은 말뜻 그대로 어떤 학파만이 지닌 독자적 이론을 가리킬 때 쓰는 말로 여기서는 중관학파 가운데 귀류논증파를 가리킨다. 설일체유부와 경량부, 유식학파는 연기를 설했지만 대부분 실재實在·단상·극변에 떨어지는 이론적 모순을 피하지 못했다. 그것은 중관학파의 자립논증파도 마찬가지다. 오로지 귀류논증파의 이론만이 독자적으로 무결한 것이기에 불공不共이라 이름한 것이다.

불교논리학의 중요한 주제 가운데 하나가 중관 이론의 양대 산맥을 형성하는 자립논증파와 귀류논증파의 주장의 차이를 판단하는 것이다. 티벳불교는 인도불교를 계승하면서 나란다사와 위끄라마실라사를 비롯한 5대 마하위하라의 전통을 수용하였다. 마하위하라는 사원과 문헌, 도서관, 의궤를 갖춘 대승원의 체제를 가리킨다. 티벳불교는 마하위하라의 전통을 계승하고 많은 승원대학을 구축하였는데 이것을 다창이라 부르며, 몽골이 티벳불교를 받아들일 때 이러한 승원체제도 함께 몽골에 수용되었다. 티벳불교가 인도를 계승·발전시킨 것은 크게 현교와 밀교의 양면을 통해 보아야 한다. 연기설은 나가르주나에 의해 중관의 이론으로 발전하였고, 후기중관파, 혹은 유가행중관파의 이론들은 티벳불교와 후대 몽골에서 깊이 연구되어 많은 학장들이 중관의 이론을 깊이 연구하였다. 이들의 연구는 확장일 뿐 아니라, 가장 긴요한 이론체계를 확립하여 방대한 불교수행을 간략하게 혜학을 중심으로 축소화한 것이 밀교수행이 되었다.

주석

찬탄의 이론에 대해 경전에는,

누군가 연기를 본다면
그는 법을 보는 것이다.
그가 법을 보는 것은
곧 여래를 보는 것이다.

라고 하였다.

『연기경緣起經』, 『도간경稻稈經』, 『시성자불입일체법경示聖者不入一切法經』, 『정려비결경靜慮祕訣經』을 비롯해 많은 반야부 경전에서 〔같은〕 찬탄을 볼 수 있다. 성 나가르주나는,

누군가 연기를 본다면
보는 자는 고제苦諦와
집제集諦, 멸제滅諦
도제道諦를 보는 것이다.

라고 하였다. 『보리심석菩提心釋』에는,

제법의 공성을 알고 나서
업業과 과보를 설한 것
희유한 중에 이것이 더 희유하며

수승한 중에 이것이 가장 수승하다.

라 하였다. 또한 대승의 논사들이 편 수많은 가르침과 이론에서도 찬탄을 볼 수 있다.

역주

짱캬뢸빼돌의 본송 13-1의 주석에 보이는 세 가지 인용 게송은 이 책 전체의 주제인 연기법의 깊은 핵심을 요약한 것이다. 첫째 게송은 『중아함경』 가운데 『상적유경象跡喩經』(1-30)에서 "만약 연기를 보면 법을 보고 법을 보면 곧 연기를 본다"라고 한 말처럼 연기가 석존이 설한 절대 진리임을 천명한 것이다. 둘째 게송은 나가르주나가 설한 대로 연기로부터 4성제·8정도로 전개되는 불교 수행의 관계를 요약하고 있다. 주석의 마지막 게송은 용수보살의 『보리심석』 가운데 제88게송에 해당하는 것이다. 연기에 나타난 공성의 진리는 업과 인과로 이루어진 현상계에 대해 단절의 부정이 아닌, 생명과 창조를 가능케 하는 실존의 본질을 깨닫게 하는 것이다. 나가르주나가 희유하고 수승하다고 찬탄한 연기의 깨달음이 훗날 쫑카빠와 짱캬뢸빼돌제에 이어지니 어찌 불법이 세상에 사라졌다고 말할 수 있겠는가?

주석

제2의 법왕은,

윤회와 열반의 거짓 없는 논리로써
변집邊執의 모든 경계를 두렵게 하고,
짠드라고미(월광月光)의 선설인 백색광명에 의해
쟈스민의 정원인 혜안이 열릴 때
수호자 붓다께서 가르친 도를 본 후
나가르주나의 거룩한 이론을 제일로 삼지 않을 자 누구인가?

라고 하였고, 대승의 위대한 전통에서 이것을 최고로 찬탄한 것은 부수히 많다.

역주

윤회는 존재로부터 비롯된다. 소멸은 존재를 가정한 것이기에 또 다른 존재론에 속한다. 나가르주나는 생멸·단상·일이·거래의 팔부중도로 설명하였다. 이와 유사한 『금강경』의 경구는 사상四相으로 곧 아상·인상·중생상·수자상이다. 아상은 인격적 자아인 인아人我, 혹은 푸드갈라의 실재를 말한다. 인상은 부파불교 독자부犢子部에서 윤회를 초월한 주체를 인정하는 것이다. 중생상은 신적 존재와 자아를 구분하는 것이다. 수자상은 자이나교의 영원한 순수 영혼을 가리키는 것이다. 관점은 다르지만 상견과 단견을 보이는 실재론의 다양한 모습이다.

(신 3) 〔자성의 공성을 연기의 의미로 드러내는 양量〕
셋째는, '또한 일체의 비존재나' 등의 여섯 구절이다.

【본송 13-2·14】

또한 일체의 허무나
자성도 존재치 않네.

의지함이 없음은 허공의 꽃과 같기에
의지처가 없다는 것도 성립치 않네.
성품이 있어 이로부터 성립한다 해도
인과 연에 의지하는 진리에 어긋나게 되네.

주석

〔질문〕 누군가 말하길, "그렇다면 공성을 연기의 의미로 드러낼 때 그것이 어떤 것인지 설명해야 합당할 것이다"라고 묻는다.

〔답변〕 이에 대한 〔답변은〕 내외(마음과 물질)의 제법에 두루 걸쳐 결정코 허무만을 본다면 연기의 진실성을 본다고 할 수 없다. 또한 인연이나 가립假立에 의지하지 않고 허공의 꽃과 같은 것이라고 한다면 이들 제법은 자체의 인연이나 가립에 근거해 의지하지 않은 채 존재해야 하지만, 그럴 수 없다. 만약 제법의 자성이 실재한다고 주장하는 이들은 이 〔연기의〕 도리에 통달한 것이 아니다. 반대로 자성의 성립을 주장하면 그 제법의 성립은

스스로 인연에 의지한다는 명제에 어긋나기 때문에 진리로부터도 어긋나게 된다. 제법은 결정코 허무가 아니다. 짠드라끼르띠는 『사백론석四百論釋』에서,

> 때문에 연기는 자체의 성품을 떠난 것이며, 그 결과 자체의 성품을 떠난 것을 연기의 본의本義를 삼을 뿐 일체 사물에 대한 도저무到底無의 〔주장은〕 연기의 본의가 아니다.

라고 하였다.

역주

일체의 비존재는 다른 말로 도저무到底無라고 한다. 허무를 말하는 것이다. 허무에 대한 상대적 표현은 자성, 실재, 혹은 실유實有일 것이다. 지금까지 허무와 실재를 부정한 근거는 연기법이다. 모든 것은 연기에 의해 존재하기 때문에 의지처를 가진다. 의지처를 갖기 때문에 허무가 아니며, 의지처가 있기에 의존한 채 존재한다. 때문에 고유성의 실재와 그 공능功能, 즉 작용의 능력은 부정된다. 따라서 도저무처럼 의지처가 없다고 할 수 없다. 단단한 자갈을 비유해보면, 자갈은 고유성을 가지고 그 단단함을 공능으로서 자랑할 것이다. 그러나 자갈은 천체적이며 지구적인 작용에 의해 끝없는 간섭과 상호작용으로 탄생한 것이다. 유신론이나 유물론이라면 자갈의 고유성은 처음부터 성질이 정의되어 있고, 그것은 바닷물의 마모와 같은 상호간섭에 변치 않아야 할 것이다.

주석

경전에서

> 지자들은 연기법에 통달해
> 극변의 견해에 전혀 의지하지 않네.
> 인因도 있고 연緣도 있는 법이라 알 뿐
> 무인無因 무연無緣의 법성法性이라 말하지 않네.

또한 자성의 존재를 보는 경우 이 법은 뒷면이 있어 〔만약〕 자성의 성립을 주장하면 인연에 어긋나게 되는 점은 앞서 자세히 말했다.

다른 한편 성 나가르주나께서,

> 자성이 인因과 연緣으로부터
> 성립한다는 것, 도리에 맞지 않네.

라고 하였다. 『명구론』에는,

> 만약 꽃병의 자성이 있다고 망상을 낸다면, 이 경우 자성의 존재에 흙 등의 인연들이 무슨 필요가 있을까?

라는 등 인연의 모든 정의는 실재를 주장하는 정의가 옳지 않음을 무수한 논리로 증명하고 있다.

주석

그렇다면 여기서 연기의 진실성을 깨닫는 데 있어 두 가지 갈림길을 말해야 한다.

〔첫째〕 제법은 허무(도저무到底無)가 아니다. 말로 표현하면 환幻과 같은 것으로 인과의 도리들을 따지지 않는 〔직관의〕 지혜에 의지해 단지 가립의 도리에 속한 것을 아는 것이다.

〔둘째〕 자성을 추론하는 논리 분석의 추리력에 의지하는 것이다. 이 경우 자체 성상性相의 성립은 티끌조차도 불가득不可得이라 본다.

〔이상〕 두 가지는 상호보조의 관계에 있다. 이제二諦설의 측면에서 바른 정해를 끌어내는 과정에서 '연기의 진실한 도리는 인식의 양量'이라는 사실이 증명되는 것이다.

역주

주석자는 첫 번째 게송에서 상견과 단견의 오류에 빠지지 않는 지자들은 인연생기의 연기법만을 주장할 뿐 인연 없이 존재하는 법성을 인정하지 않는다고 해석하였다. 제법실유의 법성을 주장한 사례는 설일체유부의 삼세실유설과 유식학파의 아뢰야식, 혹은 불성이나 여래장의 실유적 주장오류가 해당된다. 자성은 공간적으로 고유의 성상性相과 항상성을 담보해야 하지만 인연으로부터 생긴 것이라면 독립성을 보장할 수 없고 무상無常의 진리에 입각해 항상성을 보장할 수 없다. 때문에 인연에 의해 생긴 영원한 성상은 실재하는 것도 아니며 영원할 수도 없는 것이다. 주석에서 연기를 깨닫는 것은 지혜와 추론이다. 지혜에 대해 추론을 배제한 것은 유식과 인명에서 다루는 양量 가운데 현량現量을 말하려는 것이다. 반면 추론과 분석은 비량比量에 해당한다. 과정을 말하면 추리에 의해 지혜와 통찰력이라는 결과가 나오는 것이다. 잘못된 추론은 비량非量이라는 인식 오류를 야기한다. 이것은 다시 현량 오류인 사현량似現量과 추리오류인 사비량似比量으로 나눈다.

수석

이와 같이 짠드라끼르띠는 『사백론석』에서,

> 주장: 나는 제법이 도저무라고 말하지 않는다. 연기를 말하기 때문이다.
>
> 질문: 그대는 어찌 제법의 〔실유를〕 주장하는가?
>
> 답변: 그렇지 않다. 연기를 설하기 때문이다.
>
> 질문: 그대는 무엇을 주장하는가?
>
> 답변: 나는 연기를 설할 뿐이다.
>
> 질문: 그렇다면 연기의 본의는 무엇인가?
>
> 답변: 무자성이 연기의 본의이다. 자성의 불생不生의 의미, 환幻, 불꽃, 그림자, 건달바성, 마술, 꿈과 같은 자성의 과果를 발생하는 의미, 공성, 무아의 의미이다.

라고 하였다. 이것은 두 가지 극변을 버린 것으로 중관사상에서 연기의 진실한 뜻을 밝힌 것이라 평가한다.

역주

『금강경』에는 "모든 유위법은 꿈과 같고 환상과 같으며, 물거품 같고 그림자 같으며, 이슬과 같고 번개와 같다"라고 하였다. 이것은 연기를 직관한 것으로 그 본의는 무자성이다. 『금강경』을 많이 독송하면 공덕과과 삼매를 닦을 수 있지만 반야의 지혜를 얻기 위해선 분석을 통해 지혜를 연마해야 한다. 불생은 불거불래不去不來의 진리로서 오고감이 없는 불변의 진리를 가리킨다. 주석자는 동아시아뿐만 아니라 티벳에서도 연기의 해석을 두고 실유, 혹은 도저무로 이해했던 오류가 주석자가 생존했던 시대와 지역에 반복된 사실을 보여준다. 불교를 공부하다 보면 인간에게 익숙한 사고의 습관에 의해 방해받는다. 불생을 말하면 생멸이 없는 절대자나 원소를 생각하게 되고, 환과 같다고 말하면 허무에 빠지기 쉽다. 연기를 허무로 이해하는 것은 단견이고, 실유로만 이해하는 것은 상견이다. 저자가 버리라고 했던 두 가지 극변을 가리키는 말이다.

수석

여기서 연기의 진실성을 원만히 관찰하는 양量에 대해 지존 〔쫑카빠〕 대사는,

> 항상 바퀴의 교체를 따로 하지 않고 동시에 바꾸듯
> 거짓 없는 연기만 보아도
> 결정지로써 모든 변집을 물리친다.
> 이것을 견해의 원만한 관찰이라 말한다.

라고 설한 것대로 이해할 필요가 있다.

역주

삼학 가운데 혜학은 지혜를 늘리고 연마하는 것이다. 혜학을 통해 비로소 정학의 수습으로 나아갈 수 있다. 지혜는 무수한 논리적 선택과 결정으로 이루어져 있다. 결정지決定智라는 것은 도리를 결정하는 지혜를 말한다. 결택決擇이란 말은 판단하고 선택한다는 뜻이다. 의심을 끊어 도리를 선택하는 것이다. 무루지는 모든 의심을 결단하여 사성제의 진리를 체득하는 것이라 하였다. 결택분決擇分은 견도見道의 수행에서 생기는 무루지無漏智를 가리키며 견도·수도·무학도 전체에 걸쳐 있다. 연기를 이해하기 위한 무수한 주제들이 있다. 어떤 것은 도저무到底無의 덫에 빠져 있고 어떤 것은 실유實有의 덫에 걸려 있다. 혜학은 계학에서 행동을 판단하고 정학을 심화하는 지견知見을 제공한다.

과단

(경 2) 〔세존께서 제법자성인 공의 도리를 선설한 것〕

둘째는 셋으로 나눈다.

(신 1) 일체법의 무자성을 설하는 도리 본문

(신 2) 자성이 있다면 열반이 타당치 않음을 설하는 도리

(신 3) 이와 같은 선설에 대해 법의 수순에 어긋난 논쟁이 없도록 설하는 것

(신 1) 〔일체법의 무자성을 설하는 도리 본문〕

첫째는, '때문에 연기에' 등의 한 게송이다.

【본송 15】

때문에 연기에 포함되지 않는 법
어디에도 없네.
자성의 공성에 포함되지 않는 법
어디에도 없다 하네.

주석

해설하면, 방금 설한 대로 일체법의 양 극변이 없는 도리에 의해 붓디 농인 존주는 무엇이든 연기에 속하지 않는 법은 어디에도 없으며, 제법의 자성은 공성이며, 이 도리에 포함되지 않은 채 자성이 성립하는 법은 어디에도 없다고 설하였다.

주석

〔질문〕〔찬에서〕 설하려는 내용은 무엇인가?

〔답변〕『능가경』에서,

> 대혜여! 나는 자성의 불생不生을 사유하였고
> 나는 제법의 불생不生을 설한다.

라고 하였고, 『백오십경百五十經』에는,

> 일체법은 공성으로
> 무자성의 도리를 가리키는 것이다.

라고 하였다. 앞선 인용에서도

> 연기로부터 생生한 모든 것
> 그것은 불생不生이라 말하네.

라는 등 여러 가지를 설한다.

역주

불생不生, 즉 태어남이 없다는 것은 일체법의 새로운 발생을 부정하는 것이다. 석가모니 붓다는 연기를 설함으로써 전변설과 적취설을 모두 부정하였다. 두 주장은 모두 제법의 탄생과 소멸을 기초로 이루어졌다. 연기법을 불생不生 사상으로 전개한 것은 대승불교 시대 『반야경』의 성립에 따른 것이다. 『반야경』은 광본이 출현하면서 종자관種子觀, 혹은 자문관字門觀이라는 관상법을 도입했다. 이것은 반야사상을 42가지 주제로 요약해 산스끄리뜨 문자에 배치해 관상하는 수행이다. 『마하반야경』에서 최초 등장하는 종자는 산스끄리뜨어 첫 음절인 아자阿字이다. 경전에는, "아자문은 일체법 최초 불생이기 때문이다"라고 하였다. 42종자의 관상은 『화엄경』, 『열반경』을 비롯해 『대일경』 등 밀교경전에 반야공관의 관상법으로 채용되고 있다. 『대일경』에는 '아자는 본불생이다(阿字本不生)'라고 하여 연기법에 대해 불생불멸의 진리로서 물심을 통합하는 법성으로 표현하였고, 후기밀교시대에는 '본초불本初佛'이 출현한 계기가 되었다.

주석

경전의 주석에서 어떤 학자는 주장하길, "'때문에 연기에' 등의 경구에 대해 일체법의 무자성無自性을 설한 경전들을 요의了義의 경전으로 삼는다"라고 하여 많은 경전의 사례를 인용해 주장을 편다. 이것은 매우 타당하다.

성 나가르주나께서,

만약 연기가 아닌 법
절대 존재할 수 없네.
때문에 불공不空의 법도
절대 존재할 수 없네.

라고 설한 것도 이와 동일한 내용이다.

이와 같은 교설은 연緣에 의한 가립을 두고 작용의 인연에 의한 발생만을 진실로 삼을 경우 무위의 연기가 부당함을 밝힌 것이다.

역주

일체법은 연기로부터 발생한다. 그것만이 진리의 전부라고 말하면 해탈은 불가능하다. 일체법은 마음과 외경을 구성한다. 연기로부터 발생은 연기가 지닌 본의, 가치가 존재하며, 그것은 공성이자 열반이다. 불공 대신 상견, 무자성 대신 자성을 주장하면 열반은 얻을 수 없다. 티끌만한 부자유가 존재해도 그것은 속박이다. 마치 바늘에 찔린 거인이 자유로울 수 없는 것과 같다.

(신 2) 〔자성이 있다면 열반이 부당함을 설하는 도리〕

둘째, '자성이 소멸하지 않고' 등의 한 게송이다.

〖본송 16〗

〔실유의〕 자성이 소멸하지 않고
제법의 자성이 약간이라도 존재한다면,
열반은 합당하지 않으며
희론의 소멸도 없다 말하네.

주석

해설하면, 능인 존주는,

만약 이변二邊의 법과 자성의 성립이 티끌이나 약간이라도 존재한다면 이 경우 어떤 유정도 업과 번뇌의 속박을 벗어난 해탈의 성취는 타당치 않게 된다. 실재하는 모든 현상계가 변할 수 없기 때문이다. 속박을 가진 유정은 자성을 고집하기에 그는 고통에 속박되고 실재에 집착하는 모습을 동반한다. 그 경우 자성의 존재가 개입하기 때문이며, 〔이 경우〕 자성은 도를 수습하는 등의 원인에 의해 소멸하지도 않을 것이다.

라고 설하였다.

주석

〔이〕 선설의 내용은 『상력경象力經』에서,

만약 제법의 자성이 있다면
붓다와 성문도 알았을 것이다.
불변의 법으로는 열반을 얻지 못하나니
지자智者라도 영원히 희론을 떨칠 수 없다.

라고 하였다.

이 의미에 대해 성 나가르주나는,

만약 업과 번뇌
모두 자성이 존재한다면
어떻게 버릴 수 있을까?
누가 그 존재를 뿌리 뽑을 수 있을까?

라고 하였다.

거룩한 짠드라끼르띠는 『명구론』에서,

어떻게 저들을 돌이켜, 열반을 얻기 위해 번뇌와 온蘊의 자성에 대한 고집을 꺾는 것이 가능할까? 자성이 사라지지 않기 때문이다.

라고 하여, 〔불변의〕 자성을 인정한다면 유루有漏의 온蘊과 번뇌들에 대해 대치對治하는 수행의 힘으로도 물리칠 수 없다는 교설과 동일한 내용을 설하였다.

역주

게송에서 말하는 자성은 고유의 성상性相, 즉 속성과 모양을 갖는, 실재實在하는 실체實體를 말한다. 주석에서 『상력경』의 내용은 붓다가 보리수 아래서 불변의 영혼이나 궁극의 물질을 보려 했던 고행을 가리킨다. 불변의 실체가 존재하면 소멸할 수 없기 때문에 해탈이나 열반은 불가능하게 된다. 밀교경전인 『금강정경』에는 일체의성취보살이 색구경천에서 아사파나가삼마지, 즉 무식신정無識身定의 고행을 닦는 장면이 나오는데, 이것은 수행자의 의식을 누루고 영혼이나 불변의 실재가 드러나길 관찰하는 수행이다. 이때 많은 여래들이 나타나 그것은 잘못된 수행이라 지적하고 오상성신관五相成身觀을 가르친다. 일체의성취보살은 처음 통달보리심의 단계에서 마음이 하얀 천에 물감을 물들이듯 변한다는 사실을 깨닫는다. 즉 영혼이나 물질의 고유한 실재는 존재하지 않고 오직 마음과 외경의 상호작용에 의한 인식 결과를 자신의 영혼이나 자신의 세계로 간주하는 연기성일 뿐이라는 사실을 깨닫게 된 것이다.

(신 3) 〔이와 같은 선설에 대해 법의 수순에 어긋난 논쟁이 없도록 가르침〕
셋째는, '때문에 자성을 버리라고' 등의 한 게송이다.

【본송 17】

때문에 자성을 버리라고
사자후로 두고두고 하신 말씀
지자智者들 가운데 선설하셨으니
여기에 누가 따질 자 있겠는가?

주석

해설하면, 본사 능인 존주께서,

안팎의 일체법은
자성의 존재를 떠나 있네.

라고 하여 사무소외四無所畏의 사자후로써 한 차례 이상 수없이 반복하여 제법실상에 통달한 성중聖衆의 집회에서 이 도리를 설하셨다. 어떤 반대론자가 타당한 이론을 세워 비난할 수 있을까? 불가능하다. 자성 성립은 모든 측면에서 타당치 않기 때문이다.

역주

사무소외는 붓다에게 존재하지 않는 네 가지 두려움이다. 첫째, 지혜에 두려움이 없고, 둘째, 번뇌를 모두 끊음에 두려움이 없고, 셋째, 도道의 장애를 설함에 두려움이 없고, 넷째, 고苦의 단절을 설함에 두려움이 없는 것이다. 이 게송은 연기설과 무자성이 사무소외의 근거가 되며, 모든 제법에 통달한 지자들의 지혜의 근본이라는 사실을 밝힌 것이다. 붓다시대 지자들은 장로와 아라한을 가리킨다.

주석

무슨 말인가? 『반야섭송般若攝頌』에는,

예를 들어 사자가 산계곡에 살면서 두려움 없고
많은 작은 동물들을 두렵게 하는 포효처럼
인간 중의 사자는 반야바라밀에 의해
많은 외도들을 두렵게 하는 세간의 소리로 포효했네.

라고 설하였다.

이 내용은 누구라도 바른 도리를 내세워 반론할 수 없다. 제법의 무자성을 주장하는 측은 논증의 근거와 이에 입각한 올바른 비유의 추론을 통해 타인의 바른 이해를 쉽게 도모할 수 있지만, 제법의 자성을 주장하는 측은 타인에게 논증할 수 있는 주장의 근거와 바른 비유가 없기 때문이다.

역주

위의 내용은 불교논리학을 배경으로 설한 것이다. 석존 이후 불교 교단은 논리학에 바탕한 논증식에 근거해 진리를 판단하고 체계를 세워 외도와 논쟁하였다. 연기에 기초한 무자성의 이론을 논리식에 의해 주장·이유·비유를 들은 내용을 볼 수 있다.

주석

이에 대해 거룩한 짠드라끼르띠는 『입중론』에서,

궁극의 제법에 대해
무자성의 지견에 머물게 하는 것
매우 쉽게 할 수 있다네.
그러나 다른 자성의 주장을
쉽게 이해시키는 것
가능하지 않네.

라고 설하였다.

성 나가르주나는 다음과 같이 설하였다.

공성으로 논쟁을 벌일 때
누군가 답을 말한다고 해서
그것이 모두 답은 아니니
주장과 〔일관된〕 의도와 일치해야 한다.

라고 설하였다.

역주

스승 디그나가와 함께 불교 논리학, 즉 인명학의 대성자 다르마끼르띠는 스승의 인명학을 더욱 발전시켰다. 이 가운데 추론식이 지녀야 할 3가지 조건을 제시했다. 그것은 주장과 결론의 일치, 추론이 주장과 결론을 벗어나지 않을 것, 주장이 결론을 공격하지 않을 것 등이다. 주석자가 인용한 나가르주나의 게송은 이를 가리키는 것으로 나가르주나로부터 디그나가, 다르마끼르띠로 이어지는 인명의 원칙이 마련되었음을 가리킨다.

(경 3) 〔무자성이면서 연기의 작용과 일치함을 설한 도리〕

셋째, '자성은 어디에도 존재하지 않으며' 등의 두 게송이다.

【본송 18·19】

자성은 어디에도 존재하지 않으며
이것에 의지해 이것이 생길 뿐이네.
모든 정의는 두 구절로 귀착되니
어긋남이 없다고 말해 무엇하리.

연기의 본질은
변집에 의지하지 않는 법문이라네.
이 선설은 수호자 붓다의
무상無上 설법의 근본이라네.

주석

해설하면, 수호자 붓다는,

제법의 속성을 주장하는 자성은 약간이나 작게라도 존재하지 않는다. '이러한 원인에 의해 이러한 결과가 생긴다'는 것은 모든 작용의 타당성을 말한다. 이제설二諦說이라는 한 원칙에 입각해 걸림 없이 존재하는 견해만이 〔진리라〕 말하는 것조차 무슨 필요가 있을까?

라고 설하였다.

또한 일체법은 각기 가립假立의 원리에 근거한 연기의 근거와 추론에 의지할 뿐, 상단의 변견에 의지한다고 말하지 않는다. 이 선설은 붓다의 위없는 설법의 진실한 근본이다. 범부들이 변견에 묶인 속박을 부술 수 있는 이 법문은 외도의 가르침에는 없다.

이와 같이 설한 도리는 경전에서,

지혜자는 연기법에 통달할 뿐
변견에 전혀 의지하지 않네.

라고 설한 데서 볼 수 있다.

역주

본송에서 둘로 귀착된다는 말은 무자성과 연기를 말한다. 무자성은 승의제의 면목이고, 연기는 세속제의 면목이다. 이것은 서로 다르지 않은 하나의 진리이다. 연기법은 양면이 있다. 일체의 극변에 대한 견해인 변견邊見이나 집착인 변집邊執을 부정하는 무자성의 원칙이 있다. 반면 무자성임에도 불구하고 중생이 세운 언어, 혹은 언명言名, 가명假名, 가립假立 등 다양한 이름이 부여된 현상계가 존재한다. 가령 자주 비유로 드는 화병을 예로 들면, 화병은 흙, 장인, 물, 불 등 다양한 연기의 요소에 의해 존재하지만 화병의 궁극적 실재는 존재하지 않는다는 사례를 들 수 있다.

주석

『도간경』에는,

연기를 보는 이들은
과거에 존재했다는 변견,
현재에 진행한다는 변견
미래에 존재할 것이라는 변견에 의지하지 않는다.

라고 설한다.

이것은 『명구론』 27품의 주석에도 인용된 말이다. 이외 『삼매왕경』의 경설 등 무수히 많다.

연기는 제법의 진실성을 설한 것이기에 이로부터 마음을 내려놓을 수 있다. 성 나가르주나는 능인왕에게 '설법자 가운데 제일'이라고 찬탄한다. 붓다빨리따의 주석에는,

세존께서 외도들의 모든 반론을 어리석은 아이와 같이 깊이 성찰하시고 더듬거리는 눈먼 중생에게 연기를 설하셨기 때문에 아사리 나가르주나는 〔석가모니 붓다에 대해〕 진실하게 보시는 분으로 '설법자 가운데 제일'이라 설하였다.

라고 하였다. 짠드라끼르띠께서 설하신 것은 앞서 이미 인용하였다.

역주

『삼매왕경(三昧王經, Samadhiraja Sutra)』은 산스끄리뜨본과 티벳본, 한역 경전이 모두 현존한다. 한역 경전의 경우 557년 나련제야사 역의 『월등삼매경月燈三昧經』 10권에 해당한다. 경전의 내용은 붓다가 월광月光 동자보살에게 삼매와 그 공덕을 설한 것으로, 공성, 삼매, 육바라밀, 대승보살도에 대해 차례로 설한다. 동아시아에서는 주목받지 못했지만 경전 가운데 후기중관파, 혹은 유가행중관파의 중요한 이론들을 다루어 훗날 짠드라끼르띠의 『명구론明句論』과 샨띠데와의 주석에도 빈번히 인용되었으며 티벳에서도 중요시되었다. 주석의 『도간경』 인용에서, "연기를 보는 이들은 과거에 존재했다는 변견, 현재에 진행한다는 변견, 미래에 존재할 것이라는 변견에 의지하지 않는다"라고 하였는데, 이것은 『금강경』「일체동관분一體同觀分」 가운데 "과거심도 불가득이고 현재심도 불가득이며 미래심도 불가득이다(過去心不可得 現在心不可得 未來心不可得)"라고 한 경구와 상통한다 할 수 있다.

(경 4) 〔자성의 공성이 인과의 체계에 부합할 뿐 아니라 연기는 극변의 견해에 의지하지 않기 때문에 수승한 설법이라 찬탄함〕
넷째, '일체의 본성은 공성이며' 등의 두 게송이다.

〔본송 20·21〕

일체의 본성은 공성이며
이로부터 이 과果가 생기네.
두 결정은 상호
걸림 없는 동반자가 되네.

이보다 더 기이한 것과
이보다 더 희유한 모든 것
이 도리로써 붓다를 찬탄하나니
이 찬탄에 다른 이는 없다네.

주석

해설하면, 세존이 설한 대로 유가자들이 중관의 본의를 수습할 때, 내외의 모든 제법의 본성이 공성임을 결택하는 결정지와 "이 원인으로부터 이 과果가 발생한다"라는 연기의 도리를 결택하는 지혜 양자에 대해 서로가 걸림이 없을 뿐 아니라 서로를 동반자로 삼는다. 이 때문에 "이보다 더 기이하고 이보다 더 희유한 것은 어디에도 없다"라고 설한 것이다. 이 가르침의 핵심은 외도들 아무나 깨달을 수 없는 거룩한 도라는 사실을 증명한 것이다. 때문에 이 도리를 설하는 문門을 통해 수호자 붓다에 대한 찬탄은 무상無上의 찬탄이며, 다른 선정이나 무색계 삼매 등에 대한 찬탄은 최고의 찬탄이라 할 수 없다.

이 내용은 앞에서, "누가 찬탄의 문을 설하는가?" 등의 게송에서 상세히 밝혔다.

주석

여기서 귀류논증파는 탁월한 법을 드러냄으로써 〔첫째〕 존재의 극변을 물리치고 〔둘째〕 공성에 의해 허무의 극변을 물리쳤다.

〔첫째〕 일체법의 자성 성립을 다섯 가지로 관찰하면 불가득이기 때문에 경계에 대한 것으로 〔자성〕 성립은 조금도 존재하지 않는다. 자신의 인연이나 가립에 근거할 때 분별이며 가립일 뿐이라는 이 도리에 의해 연기의 의미가 확립된다. 〔귀류논증의〕 견해는 진실한 이해를 내는 것으로 어떠어떠한 자성의 공성을 결정하는 지혜를 이끌기 때문에 존재의 극변을 물리치는 도리가 된다. 하나를 여읜 것과 같은 정리正理(논리적 추론)로써 관찰하여 어떠어떠한 법에 대해 무자성의 도리라는 생각이 떠오를 때 어떠어떠한 법은 분별과 가립에 의한 연기일 뿐이라는 결론에 어려움 없이 도달할 수 있는 것이야말로 공성으로서 허무의 극변을 물리치는 도리로서 〔귀류논증파의〕 한 가지 이론을 형성한다.

〔둘째〕 견해를 바른 체험으로 이끄는 단계는 선정을 통해 구현하는 것으로, 산의 수도원 등에서 수행할 때 어떤 현상에 대해 무자성이 분명하게 떠오르는 것은 〔그것이〕 나타남으로써 존재의 극변을 물리치는 것이며, 자성의 공성이 나타남으로 인해 모든 현상을 파악하여 가립뿐이라는 것이 명료하게 떠오를 때 공성으로서 극변이 존재하지 않음이 명확해지는 두 가지 도리가 존재하게 된다.

라고 자종自宗의 학자들은 주장한다.

이 도리는 앞에서 약간 언급한 것이다. 그러나 우리 종파가 가진 지견知見의 궁극적인 핵심이기 때문에 다른 학파와 논쟁하여 이기는 것만을 추구하거나, 명예를 얻거나, 제자가 모이기를 추구해서는 안 되며, 깊은 생각으로부터 해탈을 구하는 이들의 연구의 필요를 주장하는 것에 그쳐야 한다. 이것은 지혜자들이 반복해 온 주장으로 더 깊은 변견의 주제는 다른 곳에서 다룰 것이다.

과단

(무 2) 〔이를 인정하지 않는 자에 대한 비판을 설함〕

둘째는 세 단원으로 나누어 설한다.

(기 1) 연기를 자성 성립으로 보는 주장이 저급함을 보임

(기 2) 연기를 인정하지만 논쟁의 승리만을 즐기고 조금이라도 인도하려는 방편이 없음을 비판함

(기 3) 자상을 주장하는 오류의 비판을 밝힌 본문

(기 1) 〔연기를 자성 성립으로 보는 주장이 저급함을 보임〕

첫째는 "어리석음에 노예로 사로잡혀"로 시작하는 다음 두 게송이다.

【본송 22·23】

어리석음에 노예로 사로잡혀
붓다와 원수가 되네.
무자성이라는 말
이해치 못하나니, 괴이할 것 없네.

붓다의 선설에 담긴 보물
연기를 받아들였지만
공성의 사자후를 감당 못하니
나는 이것을 기묘하다 하네.

주석

해설하면, 어떤 사람들은 귀의처가 있거나(수론학파), 귀의처가 없는(승론학파) 등 옳고 그름을 구분함에 있어 어리석음에 끌려다니거나, 〔또는〕 어리석음에 의한 노예를 고집하고, 정리正理를 갖춘 본사를 원수로 삼는다. 수론학파와 승론학파 등 외도들은 일체법의 무자성을 설하는 붓다의 법음을 감당하지 못하니 어찌 특별함이 있겠는가? 전혀 없다.

이들은 연기를 수긍하지 않지 않기 때문에 무자성이 아니라고 주장하지만 결국 인정하는 것은 앞뒤 차이가 없다. 그늘 스승의 주장도 그와 같으며 자종自宗의 이론과 다르지 않다. 비유하면 눈먼 자들이 길을 보지 못한 채 수행함으로써 험지에 떨어져 죽는 것과 같으며, 세간의 노인들이 희유한 경지를 간직하지 못하는 것과 같다.

붓다의 모든 경설을 담은 심오한 창고는 연기의 도리를 담아 일체법의 무자성의 공성을 설하지만, [이런] 사자후를 감당 못하는 불교학파의 경우 설일체유부와 경량부, 유식학파 등이 있어 이를 주장하는 이들에 대해 찬술자인 쫑카빠 스스로 희유하다고 설한 것이다.

제법을 연기라 주장하면서도 자성의 존재를 [함께] 주장하는데, 이것은 "나의 어머니는 석녀이다"라는 말과 같다. [또한] 우리 본사께서는 무자성 성립의 논증인을 밝히는 연기의 도리를 설하지만, [저들은] 무자성의 부정만 특별히 고집한다.

예를 들면 어떤 사람들이 암소로부터 우유가 나온다고 주장할 때 숫소의 뿔을 억지로 당겨도 [우유가] 나온다고 하면 다른 이들의 웃음거리가 되는 것과 같은 논리이다.

이와 관련한 어떤 주석에는 앞의 게송에서, "어리석음에 의해 노예가 된다"라고 한 것을 두고 보특가라(인아)를 고집하는 어리석음이나 진실성에 대한 어리석음으로 해석하기도 한다. 그러나 이것은 모든 범부들의 일반적인 어리석음을 지적한 것이어서 외도를 비판하는 특수한 말과 조금도 차이 없기 때문에 본래의 뜻에 지나친 것이다.

주석

성 나가르주나의 『육십송정리론六十頌正理論』에서

만약 실재를 말하는 자라면
제법 실유實有에 집착하는 것이네.
이러한 주장에 머무는 것
여기서 기괴함은 줄지 않는다네.

불도에 의지하고
일체의 무상無常을 말하는 이들,
논쟁에서는 실유를 고집하네
그 모든 주장을 기괴하다 말하네.

라고 한 것과 이 말은 모두 같은 내용이다.

역주

설일체유부는 붓다 입멸 후 5백 년간 붓다의 교설을 연구한 부파 가운데 하나로 명성이 매우 높았다. 설일체유부의 사상적 골자는 제법실유諸法實有로, 이들은 법法의 실재를 인정하여 5위75법을 주장했으며, 법의 실재에 집착해 과거·현재·미래 3세에 법이 실재한다는 법체항유法體恒有·삼세실유三世實有를 주장했다. 또한 붓다의 무상無常의 가르침을 찰나멸刹那滅, 즉 찰나마다 소멸하고 새로이 생성된다고 주장하였다. 설일체유부의 5위설은 인간의 실존을 마음과 외계로 나누고, 심왕心王을 중생 세계의 주재로 이해한 발전을 보이지만 훗날 경량부를 비롯한 타 학파에 의해 실재론은 비판을 받았다.

주석

이에 대한 주석에서 짠드라끼르띠는,

> 수론학파는 자신의 종학에서 세 가지 공능이 항상 존재한다고 가르치며, 승론학파도 자신의 종학에서 보이듯 항상한 실재를 주장한다. 때문에 만약 사물에 대해 우월성을 주장하고, 사물의 〔실재를〕 고집하고 이 주장에 탁월한 이론을 갖추었다 해도 그 기괴함이 줄어드는 일이 없을 것이며, 놀라움이 주는 일도 없을 것이다. 왜냐하면 만약 존재치 않는 사물에 의지할 경우 세간에서 이상하게 여기는 이유가 되며, 존재하는 사물에 의지한다면 그렇지 않을 것이기 때문이다. 이것은 합당한 이론이다.

라고 하였다.

역주

힌두교의 육파철학 가운데 상키야학파를 수론학파로 한역한다. 수론학파의 시조는 가필라로 기원전 4~3세기에 생존했지만 사상적 뿌리는 이전에도 발견된다. 이들은 우주의 두 가지 근본원리인 푸루샤(정신)와 쁘라끄리띠(물질)로부터 25가지의 실재들이 전개되며 쁘라끄리띠에 사뜨와(밝음)·라자스(운동)·따마스(어둠)의 세 가지 속성이 있다고 주장하였다. 승론학파는 바이셰시까를 한역한 것으로, 기원전 1세기 까나다에 의해 창시되었다고 하며, 우주는 여섯 범주가 존재한다는 실재론을 주장하였다.

주석

또한 뒤 게송의 풀이에서,

> "연기는 불교도의 길이다. 여기에 의지해 모든 유위법은 연기의 속성을 가지기 때문에 무상이다"라는 말을 인정하면서도, 제법의 자성 성립을 주장하고, 공성의 주장에 대해 비판을 일삼는 이들 모두는 존재하지 않는 실체에 의지하는 것으로 놀라움을 일으키는 이유를 가지기 때문에 저열하다고 말하는 것이다.

라고 하여, 인연을 인정하지 않는 다른 학파들은 무자성을 주장하지 않는 것에 놀라지 않는다. 반면 우리 중관학파 가운데 연기는 인정하지만 사물의 실재를 주장하는 이들은 큰 웃음거리를 제공하는 사례에 해당함을 명확히 밝혔다.

역주

승론학파의 원어인 바이셰시카는 현상계를 실체·성질·운동·보편·특수·결합의 여섯 범부로 나누고, 실재로서 흙·물·불·공기·허공·시간·공간·아뜨만(영혼)·마나스(의식)을 주장한다. 수론학파의 푸루샤나 승론학파의 아뜨만은 인도 전통의 요가의 체험 대상이 된다. 불교는 양 학파의 이론을 우주의 궁극적 실재에 대한 인간의 상상의 결과로 간주한다. 붓다는 이들의 신앙에 대해 한 번도 본 적이 없고 접근해 본 적이 없는 대상을 연모하는 것에 비유하였다.

(기 2) 〔연기를 인정하지만 논쟁의 승리만을 즐기고 조금이라도 인도하려는 방편이 없음을 비판함〕
둘째, '무자성으로 인도하는 문은' 등의 두 게송이다.

【본송 24·25】

무자성으로 인도하는 문은
최고의 연기설이네.
이름을 세우는 것도 자성이어서
고집하는 자 여기 이 사람이네.

수승한 성인들의 진실한 인도는
짝할 수 없는 수행문이니
그대를 환희케 할 거룩한 도를
어떤 방편으로 이끌까?

주석

해설하면, 무자성의 도리인 중관의 도道로 인도하는 모든 〔방편〕 문門 가운데 가장 수승한 것은 연기이다. 실유實有를 주장하는 자들은 연기의 의미를 이해하지 못하고 이름만 들을 뿐이어서, 사물을 연기에 근거해 규정하지만 자성의 존재를 고집한다. '다꼬데다〔ད་ཀོ་རྙེད, 이것이 바로 그것이다〕'라고 한 것은 연기법이 삼세의 수승한 성인인 붓다와 보살이 인도하는 큰 도이자, 해탈을 구하는 비교할 수 없는 대문이라는 말이다. 세존 붓다께서 기뻐하실 거룩한 도인 방편과 지혜는 함께 가는 것이다. 여기서 〔실유론자들을〕 어떤 방편으로 인도할 것인가? 당분간 인도할 방편은 없다. 해탈 · 열반을 얻을 단 유일한 길을 모두 버렸기 때문이며, 그로 인해 이제二諦의 정의를 전도하여 실천하기 때문이다. '연기의 이름으로'라고 말은 하지만 실유를 주장하는 자들은 연기의 말만 가지고 연기에 의해 가명을 세우는 심오한 의미를 깨닫지 못한다. 연기라는 이름만 가지고 인연생기因緣生起의 서투른 주장만을 내세우고 고집한다.

역주

'다꼬데다'라는 말은 우리말로 '이것이 그것이다' 정도로 번역할 수 있는 말이다. 해탈을 구하여 바른 길을 찾았지만 오히려 해탈의 제 길을 놓쳤다는 조롱이다. 공성과 현상은 많은 불자들을 괴롭힌 주제이다. 연기의 무자성은 실유로서 자성을 부정할 뿐이다. 마음과 물질의 현상계는 실재가 아니다. 그저 이름일 뿐이기에 가명假名이라 하고 가립假立이라 말한다. 이제설은 승의제로서 공성의 진리를 내세운다. 동시에 연기의 현상계를 세속제라 말한다.

주석

제법 자성의 성립을 주장하는 방식에 대해 실유론을 주장하는 자들은,

의타기依他起인 심왕心王과 심소心所의 인연으로부터 자상이 발생한다면 곧 승의로부터 생하는 것이다. 의타기의 생멸을 부정하는 착란된 생각을 일으켜 생멸만을 주장하는 면만 있다면 의타기의 측면에서 인과가 성립하지 않기 때문에 업과의 부정 등 모든 인과가 타당하지 않다는 생각에 이를 것이다.
가립의 토대가 없으면 가립도 없고 법만 존재하게 된다. 가립을 진여성의 의미로 삼을 양자가 존재하지 않기 때문에 법은 가립으로만 존재하며 이것을 진실성의 의미로 삼을 이제가 존재하지 않기 때문에 무자성의 견해는 단견만 중심으로 남게 된다. 무자성만을 주장하는 자들을 물리칠 도리는 『유가사지론瑜伽師地論』「보살지菩薩地」에 볼 수 있다.

역주

위의 내용은 실유론자 가운데 유식학파의 주장을 인용한 것이다. 유가유식이 주장하는 승의로서 자상의 근거는 아뢰야식이다. 유가유식의 이론은 5위75법을 확대하여 5위100법을 주장한다. 5위 가운데 심왕법은 마음의 주체적 측면을 가리키고, 심소법은 선심소, 악심소 등 심작용의 내용을 가리킨다.

주석

「섭결택분攝決擇分」에서 무자성을 주장하는 자들은, "일체법은 승의가 존재하지 않으며 세속제로서만 존재한다"라고 하여 승의와 세속에 대한 이론異論을 제기한다. 답하는 이들 가운데 반대파는 중관논사들로 삼성설을 비판한다. 또한 『변중변분별론』의 본송과 주석, 인명칠론 등 유식의 논서에 나타난 이론들은 무자성을 비판하는 많은 이론을 편다. 대부분은 제법이 인연으로부터 발생하는 이유를 근거로 제법실유諸法實有를 인정할 필요가 있다는 주장에 속한다.

학자들은 이들〔주장〕에 대해 세밀히 살펴야 한다. 다른 학파의 이론에 대해 그들의 주장을 알지 못하면, 우리 귀류논증파의 이론이 모든 학파들의 주장 가운데 가장 수승하다고 말한들 말만으로 끝나게 될 것이다. 이처럼 자성을 주장하는 이들에게 붓다를 기쁘게 하는 길로 인도하는 방편이 조금도 없는 이유는, 연기에 의한 진실성을 깨닫지 못한다면 일체지의 견해는커녕 해탈로 인도하는 방편을 놓치기 때문이다.

역주

『유가사지론』 100권은 3세기 중반 아상가의 저술로 유가유식의 이론에 기초해 유가행의 경행과境行果 및 아뢰야식·삼성설·삼무성설·유식설 등 대승불교사상을 망라한 것이다. 모두 5분으로 구성되어 있으며, 제2「섭결택분」은「본지분」의 미진한 내용을 문답 등의 형식으로 밝힌 것이다.

주석

아리야데와는,

적멸寂滅은 불이문不二門이다.

라고 하였고, 짠드라끼리띠는,

아사리 나가르주나의 도를 벗어나면
외부엔 적멸의 방편은 없나니
세속과 승의의 진리가 쇠퇴한 것이며
쇠퇴한 자리에 해탈의 성취는 없네.

라고 하였다.

연기의 도리는 무자성으로 인도하는 무상無上의 문이다. 연기의 도리는 붓다와 불자들이 공유하는 유일한 도道이며, 궁극에 도달한 것으로 경전에 상세히 설한다.

역주

적멸은 열반의 다른 말로 번뇌를 불어서 끈 경지이다. 번뇌는 이장二障이라 하여 열반을 방해하는 아집의 측면에서 번뇌장煩惱障과 보리, 즉 지혜를 방해하는 소지장所知障으로 나눈다. 연기의 의미에 미진한 것은 소지장에 해당한다. 반면 인아人我를 조장하는 것은 번뇌장이지만 역시 소지장에 의해 오온을 실재라 착각하기 때문에 두 가지 장애(二障)가 동시에 장애한다. 불이문은 열반과 현상, 승의제와 세속제를 나누지 않는 진리의 길을 가리키는 것으로, 불교철학의 최고의 요의了義를 반영하기 때문에 한국 사찰의 건축물에서 불이문을 많이 볼 수 있다.

(기 3) 〔자상을 주장하는 오류의 비판을 밝힌 본문〕

셋째, '자성은 조작이나 의지처가 없지만' 등의 한 게송이다.

【본송 26】

자성은 조작이나 의지처가 없지만
연기는 의지처와 조작 두 가지가 있다 하네.
어찌하면 한 사건에
거스름 없이 공존할 수 있을까?

주석

풀이하면, 실재론자들이 주장하는 바에 따르면, 사물의 자성은 인연에 의해 만들어지는 것이 아니며, 의지처도 없다고 말한다. 연기는 다른 사물에 대한 의지처와 〔조작의〕 작용의 두 속성이 있다. 어찌하면 한 원리에 두 원칙이 거스름 없이 공존할 수 있을까? 그것은 불가하다. 조작과 비조작의 두 주장은 〔연기의〕 의지처와 〔실재론자의〕 무의지처와 같이 양자가 서로를 용납지 않는 다른 사실이기 때문이다. 이에 대해 성 나가르주나는,

자성의 원인이 인연에 있다면
출생出生이 있다는 것은 정리正理가 아니네.

라고 하였는데, 이 주장과 내용상 일치한다.

만들어진 것도 아니며 의지처도 없다는 의미는, "자성에 조작이 없는 것이며, 다른 것에 의지하는 것도 아니다"라는 내용의 교설에서 이해해야 한다. 또한 이 두 구절을 통해 중관학파에서 자성의 총상總相을 설하는 것이며, 〔이로써〕 부정되어야 할 실재의 주장을 물리친다. 법성은 실재하지 않기 때문에 제법의 자성을 설하는 것, 즉 〔자성은 만들어진 것이 아니며, 다른 것에 의지하는 것도 아니라는〕 두 주장에 부합한다.

조작해서 만든 것이 아니라면 인연에 의해 새로이 만들어질 수 없으며, 이것은 법에 대해 항상 결점 없는 자성이 성립한다는 뜻이다. 의지함이 없다는 것은 그 법은 자성에 속한 것이지 다른 법에 의지해 존재할 필요가 없다는 뜻이다.

실재를 주장하는 자들은 자성 주장의 사례로서 불의 열기가 인연에 의해 새롭게 만들어진다는 유위법을 주장한다. 〔이에 대한 반론은〕 물의 온기의 사례로 불의 자성을 정의하는 것과, 실재하지 않는데도 불의 자성이 열에 의해 얻어지는 사례에서 〔드러난다.〕 열이 불의 자성이라는 주장은 합당치 않기 때문에 자성이라 말할 수 없다. 〔반면〕 무실재로서 불의 자성을 주장하는 것은 타당하다. 인연에 의한 것일 뿐 새로이 조작한 것이 아니고, 다른 법에 의지하는 것도 아니며, 한결같이 불의 자성에 속한 것이라 말할 수 있기 때문이다.

의지처가 없다는 뜻은 이미 자체에 갖추어져 있는 것으로 다른 인연에 의지하지 않는다고 말하는 것이다. 이것은 조작이 없다는 것과 동일한 오류가 있게 된다. 다른 법에 의지해 존재할 필요가 없다는 근거만으로 법성은 연기를 벗어나게 되는 것이다.

역주

본송에서 '자성은 조작이나 의지처가 없다'라고 한 것에서 자성은 연기를 벗어난 채 실재하는 정신이나 사물을 가리킨다. 조작이나 연기 없이 실재하는 정신이나 사물은 새로이 태어나는 존재가 아니다.(不生) 즉 타력이나 연기에 의해 새로 나지 않기 때문이다. 때문에 나가르주나는 만약 인연에 의해 자성이 출현하는 것이라면 그것은 실재의 원칙에 벗어나는 것이라 말한 것이다. 주석 마지막 문장에서 "의지처가 없다는 뜻은 이미 자체에 갖추어져 있는 것으로 다른 인연에 의지하지 않는다"와 같은 내용이다. 모든 만유는 연기의 산물이다. 시대, 환경의 영향을 받고 유정과 물리법칙을 벗어날 수 없다. 연기는 존재하는 모든 만유의 필수 불가결한 원칙이다. 상호관계와 생성, 소멸에 의해 의지와 조작이 비로소 가능하다. 영원할 수 없다는 것은 무상과 연기에 근거한 소멸이자 창조인 것이다.

〔질문〕 그렇다면 법성과 연기가 한 토대 위에 존재하는 것도 부당하게 된다. 조작의 유무와 의지처의 유무는 서로 다르기 때문이다.

〔답변〕 과실이 없다. 법성은 승의를 관찰하는 양量에 속하는 것이지만, 법성을 제법의 자성이라고 하는 것은 언어상 다른 양量에 속하는 것이기 때문이다. 법성에 대해 세속제에서만 자성自性이 존재한다고 주장하는 식으로 자성의 존재를 언급하는 것은 우리 〔중관의〕 종파에서 결코 주장하지 않기 때문이다.

자성의 존재는 말뿐 아니라, 승의제를 관찰하는 양에 의해 추구할 필요가 있기 때문에 서로 상응하지 않는다. 그러나 이것을 알려면 우리 종파에서 승의제를 관찰하는 부분에 속하는 것으로 언명을 정의하는 방식 등 이제설의 정의를 연구할 필요가 있다.

과단

(무 3) 〔연기를 설함으로써 증익이나 손감의 견해를 물리치는 도리〕

셋째는 두 가지가 있다.

(기 1) 능인왕이 연기를 환幻과 같다고 설한 도리

(기 2) 연기를 설함으로써 증익과 손멸의 견해를 끊는 도리로써 붓다의 교설에 누구도 〔비판의〕 여지가 없다는 확고한 도리를 밝히는 것

(기 1) 능인왕이 연기를 환과 같다고 설한 도리

첫째, '때문에 연기는 무엇에도' 등의 한 게송이다.

【본송 27】

때문에 연기는 무엇에도
자성을 주장하지 않지만
적정이면서 환하게 드러나니
이 모든 것을 환幻과 같다 말하네.

주석

해설하면, 세존은 진리로 존재하는 법은 절대 무자성이 합당한 도리임을 관찰하셨고 때문에 내외(마음과 물질)의 법 모든 것은 연기이며, 이러한 자성의 성립은 본래로 적정의 속성이지만 일반 범부는 무지에 의한 눈가림에 의해 혜안이 쇠퇴하여 일체법을 자성의 성립으로 보이기 때문에 모든 법의 현상은 공성이 모인 환과 같다고 설한 것이다.

역주

여환如幻이란 말은 '마치 환幻과 같다'라고 한 원문에서 비롯되었다. 고유명사로서 여환삼마지라고 할 때에는 연기와 공성의 삼매를 가리킨다. 여환은 무수한 논리적 결정에 의해 제법의 본성을 밝힌 것이다. 그 출발은 혜학을 통해 바른 지견을 갖추는 것이다.

주석

이와 같은 내용은 『삼매왕경』에서,

환, 물거품, 신기루, 번개와 같은
일체제법은 물 위에 뜬 달과 같이
소멸하면 다른 세계로 가지만
중생의 마음과 업業, 생生은 불가득이어서
업을 지으면 사라지거나 변함이 없고
희고 검은 대로 과보가 성숙한다.
이 정리正理의 도리를 설한 문門은 현묘하니
미묘하고 보기 어려운 붓다의 소행이자 경계라네.

또한,

제법의 자성은 여환如幻의 공성으로
외도들이 알 수 있는 것이 아니다.

라고 설한 등등 많은 말이 있다.

언명으로 자성을 주장하는 〔자립논증파의〕 중관학파와, 수승한 이론을 갖춘 우리(귀류논증파) 학파는 환幻을 비유를 삼는 면에서 비슷하지만 비유의 방식에는 미세함과 거침에 큰 차이가 있으니 이들을 구별할 필요가 있지만 여기서는 말이 많을까 두려워 더 쓰지 않는다.

(기 2) 연기를 설함으로써 증익과 손멸의 견해를 끊는 도리에 대해 붓다의 교설에 누구도 비판하지 못한 정해正解의 도리

둘째, '붓다의 여실한 가르침' 등의 두 게송이다.

【본송 28·29】

붓다의 여실한 가르침
대적할 자 없고 법에 부합해
빈틈없는 설법이면서
이것만으로 견해를 얻네.

왜, 이 도리를 설하는가?
보이선 안 보이건 모든 사물에
증익增益과 손감損減, 비난의
모든 과실을 떨치기 위함이네.

주석

해설하면, 세존은 다른 경전에서 〔번뇌〕 단절의 원만, 정각의 원만, 해탈의 도道, 장애의 단절 네 가지를 여실하게 설함에 있어 대적할 자가 적었고, 누구도 교묘한 논리로 흠잡을 기회를 주지 않는 설법을 하였는데, 〔이것은〕 연기의 도리를 관찰하고 깊이 통달했기 때문이다. 수호자 붓다는 연기의 도리를 설함에 있어 눈에 보이는 현상과 비현상의 감추어진 실상을 여실하게 밝혀, 제법에 대한 증익

과 손감을 펴는 다른 주장자들의 이론을 올바른 논리로 물리쳐 굴복하였다.

증익과 손감의 저급한 견해를 펴는 변견의 이론을 물리치면 증익과 손감의 견해가 계속될 여지를 물리치는 힘이 된다.

사무소외에 대한 종파의 이론을 세울 때 〔논박의〕 여지가 없는 설법은 경전에서, "아아! 나는 이와 같은 법을 구족한 붓다이다"라는 선언이나, '이에 대해 나는 …'라고 설한 것에 잘 드러나 있다.

연기를 설함으로써 제법의 실상을 대해 증익과 손감의 모든 극변을 버리고 무아의 진실성을 밝혔으며, "실재를 고집하는 무명으로 타락한 번뇌와 업에 의지하지 말라"라고 한 것은 장애를 끊는 법을 설한 것이다.

해탈과 열반을 확실히 얻는 방편은 무자성을 깨닫는 도道를 설하는 것이다. 붓다는 이 도를 성취하여 법신을 얻음으로써 〔번뇌와 미혹의〕 단절의 원만과, 이 도리를 타인에게 설함으로써 제자들이 지키도록 하는 방편에 통달하는 증득의 원만을 갖추어 〔사무외의〕 네 가지 법에 비난의 기회를 허용하지 않았다. 네 가지 법의 힘이 진실한 도리가 있는 이유는 앞서 말한 대로 연기의 진리에서 나온 정리로부터 이루어지는 것이어서 어려움 없이 깨달을 수 있다. 네 가지 무소외無所畏를 밝히는 도리는 중요하지만 여기서 전체를 다 언급한 것은 아니다.

(정 2) 둘째, 〔다른 경설에도 과오가 없음을 증명〕

둘째, 다른 경설에서도 과오가 없음을 증명하는 것은, '붓다의 비할 바 없는 선설' 등의 한 게송이다.

【본송 30】

붓다의 비할 바 없는 선설
통달하는 근본은 연기이니
이 도道를 달리 표현해도
양量으로 추론해 정해正解를 내네.

주석

해설하면, 세존의 설법에 대적할 자가 없음을 아는 이유는 설정직으로 연기의 도道를 선설함에 거짓이 없음을 보는 것에 있다. 비유를 통해 본의를 깊이 감춘 다른 설법일지라도 과실 없는 의미를 논리를 통해 밝혀 정확히 이해하게 된다.

〔그런〕 이해의 과정은, "'보시를 함으로써 부자가 된다' 등 깊은 배경을 담은 여타 경전의 내용은 우리에게 설한 내용에 거짓이 없다. 세 가지 관찰에 의거할 때 진실한 가르침이기 때문이다. 예를 들면 공성을 설한 경전과 같다"라고 논리에서 볼 수 있다.

세 가지 관찰은 〔첫째〕 현량現量과 비량比量의 두 양量에 의해 오류가 없어야 하며, 〔둘째〕 설법의 전후, 그리고 〔셋째〕 직간접의 표현에 차이가 없는 것 등 세 가지 조건을 가리킨다고 케둡 겔렉 뻴상께서 설하였다.

어떤 자는 말한다. '여래께서 설하셨기 때문에'라는 등의 근거는 논리적 방식에 따른 지혜에 속하지 않는 말이라 주장한다. 이 말은 『사백론』에서,

붓다의 선설을 감추면
누군가는 의심 일으킨다네.
이때 공성에 의지할 것이니
이것만 믿음을 낸다네.

라고 한 것과 동일한 내용이다.

역주

논리학에서 디그나가는 량量을 삼량, 즉 직접 지각과 추론·지각오류로 구분하였다. 고인명, 즉 이전 논리학에는 성언량聖言量이라는 것이 있었다. 경전이나 논서의 정통성에 근거해 진리나 명제를 인정하는 것이다. 실제 변경의 경우 성언량이라 해도 삼장에 근거한 것이 모두 진리가 아니라는 점을 깨닫게 된다. 삼장에는 진리를 직설한 경설도 있지만 불요의의 방편설이 무수히 많기 때문이다. 외도와의 대론에 있어 성자를 중요시하는 전통 때문에 성자의 경험에서 나오는 정의나 견해도 정통성을 부여하는 여부가 외도와 불교도와의 대론에서 논쟁거리가 되었다. 때문에 디그나가는 성언량의 불확실성을 절감하고 진리를 가리는 논변에 오로지 삼량만을

인정하였다. 불교경전을 공부하는 데 성언량은 중요하다. 그러나 요의·불요의 법문에 대한 안목을 갖추는 것은 추론에 의한 공성의 이해가 필요한 것이다.

티벳이나 몽골사원에서 벌이는 대론, 또는 논변論辯은 다른 번역에서는 변경辯經이라 알려져 있다. 대론은 논증의 규칙을 지키는데, 논제에 해당하는 유법, 주장, 이유의 세 가지가 있다. 논제는 유법有法(최짼), 주장은 논명論明(쎌와), 주장에 대한 이유는 논거論據(딱)라 말한다. 대론은 주장자(담짜와)와 주장의 타당성을 묻는 대론자(딱쎌와) 사이에서 이루어진다. 대론의 사례를 보면 다음과 같다.

예) 주장자 : 유법 꽃병은 무상無常하다. 색법이기 때문이다.

유법 : 꽃병

주장 : 꽃병의 무상

이유 : 꽃병은 색법, 즉 물질이기 때문이다.

위에서 주제, 즉 유법은 꽃병이다. 주장은 '꽃병의 무상'이다. 논거, 혹은 이유는 꽃병이 색법, 즉 물질이라는 것이다.

대론에서 주장자의 이유에 대해 대론자는 긍정(되)과 부정(찌칠)의 답변을 할 수 있으며, 주장의 오류에 대해서는 '불충족(캽마중)', '정의오류(딱마둡)' 등의 답을 말할 수 있다. 대론은 최초 정한 주제의 제한을 받지 않는 경우도 있는데, 논변의 목적은 정법을 이끌어 내는 데 있다. 즉 위 사례에서 중요한 것은 꽃병보다 무상의 진리를 드러내는 것이 더 큰 목적이기 때문이다.

주석

대지자께서는 다음과 같이 설하셨다.

붓다의 가르침에 대해 해탈을 구하는 이들은 세 가지 관찰에 따른 청정한 문을 통해 진실한 논리를 갖추어 양量의 이치로써 확고한 지혜를 얻었으며, 이에 대해 능인왕 본사도 양量에 의한 결정지로부터 삼매의 확고한 신해를 얻은 것은 큰 지혜를 갖춘 학자들이 주장하는 이론이다. 해탈과 일체지一切智의 소지所知가 있지만 내용을 이해 못한 채 귀경계를 염송하는 데 전념하는 이들이 있다. 이들은 삼보의 자비를 귀경게에서 구하여 염송의 공덕을 〔혜학의〕 양量이 없어도 혜택을 볼 수 있다. 그러나 외도를 추구하는 선인이나 우리 본사에 대해 〔어떤〕 과실이나 공덕이 있는지 차이를 알지 못한 채 귀의하는 것은 무엇에도 도움이 되지 않는다.

역주

『법화경』「법사품」에는 오종법사가 나오는데, 그것은 수지受持·독讀·송誦·서사書寫·위타인설爲他人說로 경전을 지니고, 읽고, 암송하고, 베끼며 타인에게 설하는 것이다. 붓다시대 암송과 달리 부파불교시대 이후 삼장이 갖춰지면서 오종법사는 대승불교 보살수행의 전형이었다. 짠드라끼르띠는 오종법사에서 나아가 경전의 암송에도 공덕이 있지만 맹목적 염송은 외도와 다를 바 없다고 조언한 것이다.

과단

(병 2) 둘째, 교설의 가르침에 과실이 없다는 논증에서 붓다가 해탈을 구함에 거짓이 없음을 증명하는 것은 네 가지가 있다.

(정 1) 외도와 불교의 스승의 차이를 설함

(정 2) 차이를 알고 난 후 오직 붓다에 귀의하는 것이 합당함

(정 3) 높은 스승들도 이유를 알고 나서, 무니에게 귀의할 것을 가르침

(정 4) 교설과 스승에 대해 양에 의한 논증을 요약함

(정 1) 〔외도와 불교의 스승의 차이를 설함〕

첫째, '여실하게 깨닫고, 선설하신' 등의 두 게송에 보인다.

【본송 31·32】

여실하게 깨닫고, 선설하신
붓다를 좇아 공부할 때
모든 타락을 멀리하고
모든 잘못의 뿌리를 물리친다네.

붓다의 가르침에 등을 돌리면
오래도록 고행에 의지한다 해도
갈수록 과실들만 쌓일 뿐
아견我見만 견고해지네.

주석

해설하면, 실상의 내용을 여실하게 보고 바른 논리의 도道로 이끌어 수행자의 지혜에 맞추어 가르치고 선설하는 분은 수호자 능인 존주이다. 경설에 안주하고 수용하며 간직하고 지키면서 선설 대로 수행하는 이들은 단계마다 사유四有의 과실들을 멀리 버리고, 마지막에 무생無生의 법으로 전환한다. 모든 과실의 뿌리인 아집의 무명을 물리치는 것이다.

어리석은 마음으로 외도에 휘둘려 수호자 붓다의 가르침을 배반한 외도들은 오래도록 머리카락을 산발하고, 다섯 가지 불을 태우고, 정화 등의 난행으로 많은 고행에 의지하지만 갈수록 번뇌와 고통의 과실만 모으고 아집의 상속은 늘기만 한다. 과실의 잘못의 근본인 아견을 쌓아 고집만 견고해진다.

역주

사유四有는 불교의 윤회관에 의해 한 유정의 생애 주기를 생유生有, 본유本有, 사유死有, 중유中有의 네 단계로 나눈 것이다. 생유는 탄생의 찰나를 말한다. 보통 유정은 사망 후 중음 상태로 49일을 보내는데, 인연 있는 부모를 만나면 부모에 의한 수정란이 어머니의 자궁에 착상하여 10개월간 성장한 후 세상에 태어나는 찰나를 생유라 말한다. 유식학에서는 수정란이 탁태하는 순간 아뢰야식의 업식이 수정란에 개입하는 순간을 생유로 정의한다. 본유는 유정의 탄생 후 육신을 지닌 채 태아기, 유아기, 청년기, 장년기, 노년기를 거쳐 죽음에 이르기 직전까지 단계를 말한다. 다음 사망의 찰나, 즉 죽음의 순간을 사유死有라 말한다. 사유로 인해 유정은 중유中有의 상태로 49일을 머물게 된다. 중유는 중음中陰이라고도 하며, 49일간 향을 맡아 기생한다 해서 심향尋香, 육신의 탄생을 구한다 해서 구생救生, 무색계의 유정과 동일하다 해서 건달바乾達婆라고도 부른다. 주석에서 '사유의 과실을 멀리한다'라고 한 것은 윤회의 삶을 버리는 것이며, 무생의 법으로 전환한다고 하는 것은 성불하여 열반 법신을 성취함을 가리킨다.

주석

앞서 아집이 윤회의 근본임을 설하고, 무아를 깨닫는 지혜는 아집의 대치임을 설했다. 연기의 진실성을 가르치는 능인왕의 법을 성취함으로써 옳고 그른 논리를 잘 이해하는 것이 바른 정리正理임을 알아야 한다.

승자勝者 능인왕의 가르침은 안락한 도道로써 불과를 쉽게 얻고, 윤회의 상속을 버리고, 번뇌를 모두 끊고, 거짓 없는 해탈과 한결같은 선善을 추구하며, 대치對治로써 정화하고, 외도의 사견邪見들을 물리치게 한다.

『수승찬』에는 다음과 같이 설한다.

어찌하여 붓다의 가르침은
쉽게 안락을 얻게 하는가?
때문에 설법의 사자는
경전의 도리로써 여기 유정과 함께 한다네.

역주

『수승찬殊勝讚』은 웃바따싯다스바민이 쓴 찬(讚, stotra)으로 9세기 티벳역으로 번역되었다. 1993년 산스끄리뜨본도 출판되었다(Schneider, Johannes. Der Lobpreis der Vorzüglichkeit des Buddha. Bonn: Indica et Tibetica Verlag. p.21). 불교문헌에서 스또뜨라(찬)는 경전의 게송과 달리 시가의 형태로 종교음악에 근접하는 형식을 갖추고 있다.

주석

『찬응찬贊應贊』에는 다음과 같이 설한다.

들고 물러나는 모든 것
일체 번뇌를 물리치는 것
이것이 대웅大雄의 말씀으로
다른 말과는 거리가 있네.

이것만이 홀로 진실성이고
저것은 오직 사법邪法이라 하면
불설佛說과 다른 말들
여기서 수승의 차별을 어찌 알리.

이것만이 오로지 선이며
저것은 오직 장애라 여긴다면
불설과 다른 말에서
다른 차별을 어찌 찾을까?

저것은 오염되고 또 오염되지만
이것으로 청정을 성취한다네
이것만이 수호자 붓다의 말씀이니
다른 말과는 차별 있어라.

(정 2) 〔차이를 알고 나면 오직 붓다에 귀의하는 것이 합당함〕

둘째, '아아! 지자들이 여기 두 가지'라는 등의 두 게송에 설한다.

【본송 33·34】

에마오!
지자들이 두 이치를
차이를 구별해 통달한다면
이때 깊은 골수로부터
어찌 붓다께 귀의치 않으리.

당신이 선설하신 많은 법문
일부의 의미만이라도
대강만이라도 정해定解를 낸다면
이것에도 수승한 안락을 얻네.

주석

해설하면, '에마오!'라고 한 것은 매우 희유하다는 말이다. 큰 경지에 이른 능인의 공덕을 본 지자들은 선악을 분간하는 지혜를 갖춘 이들로 항상 능인왕과 외도의 스승들이 설하는 과실과 공덕에 대해 발설하자마자 바로 양자의 차이를 파악한다. 골수 속 마음 깊은 깨달음에 능인왕께 어찌 귀의하지 않을 것인가? 귀의가 바른 선택〔정리〕인 것을 붓다의 많은 선설에 통달한 이들에게 말할 필요가 없다. 누군가 진실성인 연기의 가르침에 대해 일부의 의미나 혹은 전체에 대해 대략 이해하거나, 청문에 의한 바른 이해를 얻는다면, 이것만으로 해탈과 일체지의 안락을 얻게 되는 것이다.

역주

대승불교의 목표는 자리이타自利利他이며 간략한 말로 '상구보리 하화중생'이 된다. 대승불교 보살수행이나 유가행의 경우 자리는 해탈에 해당하며 이타는 일체지를 성취하는 것이다. 삼종지의 경우 범부·외도의 지혜를 세간지, 성문·연각의 지혜를 출세간지, 제불·보살의 지혜를 출세간상상지라 하는 경우가 있는데, 여기서 출세간상상지는 제불의 일체지에 해당한다. 나가르주나의 『대지도론大智度論』에는 현상계를 아는 성문의 일체지, 십지의 수행도에 통달한 보살의 도종지, 제불의 지혜를 일체종저라 하였으나, 『반야경』에 설하는 살반야薩般若의 불지는 곧 일체지와 동일하기 때문에 후대에는 제불의 지혜를 일체지와 구분하여 일체종지一切種智라 하였고, 밀교의 경우 일체지지一切智智라 하였다. 밀교경전인 『대일경』에서 중생을 구하기 위해 중생세계를 전전하는 신변神變을 포함하는 것으로, 경전에는 일체지지에 대해 "보리심을 인因으로 하고, 자비심을 근根으로 하며 방편을 구경으로 한다"라고 하여 신변을 포함한 중생구제의 방편을 일체지지의 목표로 삼았다.

주석

이것은 아랴데와께서,

박복한 자들은 불법에 대해
의심조차도 품지 못하네.
약간의 호기심을 갖는 것만으로
삼유三有로부터 벗어난다네.

라고 설한 것과 같은 내용이다. 삼유로부터 벗어나는 것은 내용에 대한 의문만 가지고도 존재의 근본인 실유實有의 집착과 그 상속을 끊는다는 것이다.

또한 이를 주석한 짠드라끼르띠는,

의심을 품는 것만으로 확실히 삼유를 벗어나는 것은 분명히 존재를 일으키는 원인에 대해, "이것은 혹시 이와 같은 것이 아닐까?"라고 사유하는 것으로 점차 번뇌의 도적을 물리치게 되는 것이다.

라는 등 상세한 말에서 알 수 있다.

역주

삼유三有는 욕유欲有·색유色有·무색유無色有로 삼계三界에 상응하는 말이다. 욕계의 존재는 욕유, 색계의 존재는 색유, 무색계의 존재는 무색유이다. 삼유는 존재의 영역을 말하는 것으로 무명의 굴레에 갇힌 중생세간의 의미를 지닌다. 중생이 삼유의 굴레에 갇혀 전전하는 것은 자아와 실유에 집착하는 번뇌 때문이다.

연기설은 간략한 이론처럼 보이지만 무명의 미혹을 물리치며, 그 범주는 사유四有, 즉 생유生有·본유本有·사유死有·중유中有에 미친다. 사유는 죽음의 찰나이며 중유, 또는 중음中陰은 죽음 이후 얻는 일시적인 몸이다. 중생은 큰 두려움에 쌓여 49일간 재탄생의 여정을 시작한다. 여기서 과실이라 함은 자아가 실재하지 않음에도 불구하고 자아를 실재한다고 믿으며 자신의 의식이 화작化作한 갖은 환영에 두려워 도망다니는 것이다. 자아의 고집과 욕망, 번뇌는 심업을 이끌어 부모를 찾아 탁태하게 되고, 이후 탄생의 찰나인 생유를 거쳐 본유, 즉 유정의 삶을 반복하게 된다.

주석

또한 공성의 설법에서 법을 한 구절만이라도 기억하고 다른 이들에게 설하면, 갠지즈강의 모래의 수만큼 같은 세계를 칠보로 가득 채워 붓다에게 공양 올리는 것보다 더 복덕이 많을 것이다. 이 〔공성의〕 법을 믿는 것만으로 열 가지 불선법不善法과 오무간죄五無間罪, 계율을 어긴 모든 죄과를 멸하는 내용을 경전은 설하기 때문에, 그 무량한 공덕을 기억하고, 이 법을 기르고 익히도록 해야 한다.

역주

업業의 어원은 까르마로 어떤 행위를 짓는 것을 말하며 업이 일으키는 결과를 포함할 때 업보業報라 말한다. 업은 결과를 즉시 볼 수 있는 것도 있지만 뒤늦게 결과가 나타나는 것도 있는데 이를 이숙異熟이라 말한다. 유정으로서 업을 지을 경우 몸으로 짓는 신업身業, 말로 짓는 어업語業, 그리고 마음으로 짓는 의업意業으로 구분한다. 업을 일으키는 것이 번뇌이다.

불교에서 업業을 남기는 것은 신어의身語意를 통해 이루어진다. 이를 구분하면 십선十善이나 십악十惡이 되며, 업을 남기기에 십선업, 십악업이라 말한다. 몸으로 짓는 것은 불살생不殺生·불투도不偸盜·불사음不邪淫이며, 입으로 짓는 것은 불망어不妄語·불악구不惡口·불양설·불기어不綺語이며, 마음으로 짓는 것은 불탐욕不貪欲·불진에不嗔恚·불사견不邪見이다. 여기서 망어는 거짓말, 악구는 저주, 양설은 이간질, 기어는 아첨하는 말이다. 불교의 십선은 단지 십악을 행하지 않는 것이어서 소극적으로 느껴질지 모르지만, 불교는 청정한 본성을 본래 가지고 있기 때문에 업과 악행으로 나아가지 않는 것을 수행의 근본으로 삼는다.

오무간죄는 무간지옥無間地獄에 가게 되는 다섯 가지 죄목이다. 살부殺父 · 살모殺母 · 살아라한殺阿羅漢 · 불신출혈佛身出血 · 파화합승破和合僧이다. 즉 부모와 아라한을 살해하는 것, 붓다의 몸에 피를 내거나 승가의 화합을 파괴하는 것이다. 무간지옥은 그 고통이 잠시도 그치지 않기 때문에 붙여진 이름이다.

(정 3) 지고한 스승들도 이유를 알고 나서, 무니에게 귀의할 것을 가르침.

세 번째는, '아아! 내 생각 몽매에 덮여' 등의 두 게송이다.

【본송 35·36】

계휘! 내 생각 몽매에 덮여
이 같은 공덕의 더미에
오래도록 귀의했건만
공덕의 일부도 얻지 못했네.

그러나 염라閻邏가 입에 도착할 때
생명의 상속이 끊기기 전
붓다에게 약간 신심을 내는 것
이것만도 선근이라 생각하네.

주석

해설하면, '꼐휘!'라고 하는 것은 감탄사로 연기찬을 지은 자신의 지혜가 어리석고 무명에 쫓기고 뒤덮여, 앞서 말한 대로 공덕을 갖춘 붓다 능인왕에게 오래도록 귀의했건만 오직 붓다가 가진 공덕인 연기, 제법의 진리를 밝힌 내용을 조금도 이해하지 못해 무지하다는 뜻이다.

그러나 언제라도 염라의 입을 향해 유정의 목숨(命根)이 끊어질 때 육신의 기력이 다하기 전 진실한 생각의 힘으로 상相의 소연에 대한 집착을 모두 물리치고, 진실과 거리가 먼 의심의 증익을 남김없이 부수어 능인왕에게 약간이라도 신심을 낸 후 정리의 길로 이끄는 진실한 신심을 일으킨다면 이것만으로도 훌륭한 '인연'으로 여겨야 하는 것이다.

이것은 〔쫑카빠의〕 두 제자 가운데 맏형인 케둡 겔렉 뻴상이 저술한 『공空과 불공不空의 전기傳記』에 설한 것으로, 스승(쫑카빠)의 인생 후반기 어느 날 『중론』의 주석인 붓다빨리따의 주석을 본 것이 인연이 되어 심오한 연기의 진실성을 깨닫고, 모든 극변을 떠난 나가르주나의 밀의를 여실하게 통달하고 가르친 사연을 말한 것이다.

역주

불교의 세계관에서 사후세계를 관장하는 신으로 염라대왕이 있다. 인도종교에서 비롯된 것으로 야마라자(yamaraja)라고 하며, '염마라사閻摩羅社'라 음사한 것에 기원한다. 붓다가 물리친 네 가지 마魔 가운데 사마死魔가 있는데, 이것이 바로 염라대왕이다. 중생은 무명에 의해 유신견有身見, 즉 자신의 개아적 존재를 야기하는데 이때 자신이 전전하는 세계의 신격의 지배를 받는다. 붓다는 정각을 이룰 때 생사를 관장하는 염마閻魔의 속박에 끄달리는 번뇌로부터 벗어났기에 이처럼 비유한 것이다.

명근(命根, jīvitendriya)은 산스뜨리뜨에서 온 말로 생명의 뿌리, 생기, 생명력을 의미한다. 부파불교시대에는 중생이 태어날 때 명근에 의해 체온과 의식을 유지한다고 생각하고, 설일체유부는 이를 심불상응행법의 하나로 파악했다. 대승불교시대에는 육신을 상속케 하는 근거로서 제8식인 아뢰야식에 함장된다고 하였다.

주석

이 위대한 대사는 오래도록 수행한 보살로 이미 대성인으로서 도피안에 이르렀기 때문에, 진실성을 새로이 깨달았다는 것은 말세 수행자로서 지혜가 열악한 이들을 위해 말한 것으로 보는 것이 바른 도리를 보인 것이다. 어떤 자는 말하길, 지존〔쫑가빠의〕 말씀 가운데 "진실한 궁극의 진리를 알려면 진언에 의지해야 한다"라는 말을 따른다고 하는데, 근거를 헤아리기 어려운 전기에 대해서는 내용의 진위를 설명하는 것이 옳지 않기에 잠시 그치기로 한다. 어떤 자는 말하길, "'약간의 공덕도 얻지 못했다'라고 한 것은 붓다의 공덕을 자신의 상속〔몸과 마음〕으로 조금도 성취하지 못했다는 것을 말한 것이다. '알지 못했다'라고 한 것에서 공덕의 창고를 깨달았다고 말한 것과 차이가 있다"라고 하였지만 이것은 중요한 속뜻을 보지 못한 것이다.

역주

근본불교시대에는 붓다가 숫도다나왕의 아들로서 최초 수행해 정각에 이른 것으로 설하지만, 부파불교시대부터는 싯달태자에 대해 일래一來의 성인으로, 즉 인간으로서 한 생을 더 태어나 정각을 성취했다는 4대 성자의 이론을 적용하였다. 부파불교시대에는 대승불교의 보살사상이 싹트면서 보살은 오래도록 성불과 중생구제의 원력을 세우며 석가모니 붓다도 그와 같다고 하였다. 대승불교시대에는 붓다는 과거생에 이미 정각에 이르렀지만 수행과 성도를 중생에게 보이기 위해 인간의 몸으로 태어났다고 하였다.

(정 4)〔교설과 스승에 대해 양에 의한 증명을 요약〕

넷째, '교설 가운데 연기의 가르침과' 등의 한 게송이다.

【본송 37】

교설 가운데 연기의 가르침과
지혜 가운데 연기의 지혜 두 가지는
세간의 왕과 같아
붓다만이 알 뿐 다른 이는 아니네.

주석

해설하면, 누군나 해탈을 구하는 이들에게 거짓 없는 스승은 능인왕뿐이며, 교설을 요약하면 그 가운데 연기만이 진실성을 가르친 것이다. 모든 지혜 가운데 연기의 진실성을 아는 두 가지 지혜가 세간의 왕이 지닌 권력과 같이 비할 바 없는 지존의 지위를 모두 성취한 것이다. 심오한 연기의 도리는 능인왕만이 알며, 다른 이들에게 자비심으로 가르친다. 다른 외도들의 스승인 가삘라〔선인〕 등은 이 도리를 알지 못한다.

〔붓다를〕 '승자이자 왕'이라 한 경우 경우에 따라 '바가범婆伽梵'이라 말하며, 어떤 경우는 '여의보주如意寶珠'라 말한다. 본사 세존은 양量〔추리지〕으로 아는 것이기 때문에 그 가르침도 역시 양의 힘으로 논증해야 한다. 이 게송의 내용을 요약하면, 그 이론들은 앞서 말한 대로, "능인왕과 그 가르침만이 해탈을 구하는 이들에게

양量[의 근거가] 되는 것이며, 다른 외도의 스승과 그 가르침들은 거짓이다"라는 사실을 잘 논증한다고 할 수 있다.

역주

게송에서 교설은 붓다의 설법이다. 쫑카빠 존자는 교설 가운데 붓다의 설법이 세간의 왕처럼 제일이라 하였다. 또한 지혜는 붓다의 연기 설법으로부터 제자가 얻은 것으로 그것 역시 지혜 가운데 제일이라 한 것이다. 근대 티벳의 라마인 울추달마바드라의 주석에도, "불교의 가르침에는 연기가 가르침 가운데 최고이며, 연기가 지혜 가운데 최고라는 두 구절이 있다."라고 인용하였다. 주석에서 지혜는 논리적 추론과 결택을 이끄는 인식(量)에 의해 얻을 수 있다고 하였다. 그것은 외도의 명상뿐만 아니라 불교수행에 있어 혜학의 결택이 결여된 선정과 유가로 얻을 수 있는 것이 아니다. 존자 쫑카빠와 쨩캬뢸뻬돌제 스승 모두 연기법을 궁구하여 일체의 무자성, 진리의 본불생을 깨닫고 논서와 주석을 남겼다. 기다리면 저절로 떠오르는 소식을 기대하는 것은 불교수행이 아니다.

주석

또한 말하길, "외도의 문헌에 나는 이리이리 생각하고, 저리저리 수호자 당신에게 마음을 냅니다"라고 하였지만, 불교와 외도 종파들이 주장하는 방식을 이해하는 방편〔門〕은 사제四諦와 특히 연기의 도리로서, 연기는 '설법의 태양이며 여래 교설 가운데 밝은 광명'이다. 때문에 식설대선食屑大仙과 족목선인足目仙人, 나형외도裸形外道와 승론勝論외도 등은 자신의 분별에서 세운 저급한 이론들로 그 두터운 어리석음을 밝혀야 한다. 오류 없는 논리의 도가 이끄는 대로 확고한 바른 이해를 내는 것이 필요하다. 그렇지 않으면 자신의 스승에 대해 어떤 과실도 없다고 말하지만 그것이 말로만 그칠 수 있기 때문이다. 〔또한〕 "나는 다른 스승들을 물리쳤으니 당신만을 귀의처로 삼는다. 여기에는 어떤 이유도 없다"라고 말하는 것은 자신이 귀의처라는 모순을 선전하는 것뿐이다.

역주

정리학파는 니야야학파로 인도논리학을 이끈 학파이다. 대범천의 화신으로 일컬어지지만 실제로는 기원전 50~기원후 50년경 생존한 인물이며, 혹은 석가모니붓다 이전 인물로 일컬어지기도 한다. 유명한 『니야야수뜨라(Nyāya-sūtra)』가 있다. 나형외도裸形外道는 자이나교를 가리킨다. 창시자는 '마하비라'이며 출가 전 이름은 '바르다마나'로 붓다와 동시대 인물이다. 이원론二元論과 금욕주의에 입각한 혹독한 수행으로 알려져 있다.

이 때문에 지금까지 언급한 논서들을 해탈을 구하는 자들은 깊이 연구해야 한다. 수행의 깊은 핵심인 사성제에 대해 지키고 버릴 것을 깊이 심화하고 결택하는 문門에 의해 능인왕의 가르침을 보존해야 하며 해탈을 구하는 경우 논리의 사고(量)로 논증해야 한다.

또한, "세간의 모든 타락은 그 뿌리인 근본무명 때문이다"라고 말한 것은 각각의 단계마다 집성제의 자세한 근거를 말하는 것이다. 제법에 대해 자성을 고집하는 무명과 이것이 야기하는 업과 번뇌, 이로부터 발생하는 미세한 고성제를 말하는 것이다.

'자성은 쇠퇴함이 없기 때문에'라고 말한 것은 각각의 사례에서 〔만약〕 자성을 고집하는 경우 열반이 불가능한 이유를 말하면 된다. 우리 〔중관의〕 종파는 멸성제의 세부적 이론에 대해 『육십송여리론六十頌如理論』의 주석에서 설한 것을 따르는 타당한 이론이 있다.

나머지 도성제의 세부적 이론은 무자성을 깨닫는 도리를 결택하는 상세한 내용을 담고 있다. 이것은 대소승의 많은 도차제 문헌에 존재한다.

그러나 요새는 알음알이로 자만에 가득 찬 이들조차도 "이처럼 말했는데 알겠는가?"라고 말하니 말을 더해 무엇하겠는가? 문헌들 가운데 수행차제인 도道를 설한 것은 〔많이〕 있지만 대낮의 별처럼 〔있어도 알기 어렵게〕 될 것이다. 자세한 것은 문자가 많을까 두려워 그친다.

과단

(을 3) 셋째, 〔붓다의 가르침만이 해탈의 항구임을 설함〕

이것은 셋으로 이루어져 있다.

(병 1) 능인의 모든 말씀은 열반을 얻기 위한 방편임을 설함

(병 2) 다음 붓다의 가르침을 실천하기 위한 이론을 설함

(병 3) 〔저자 자신이 수승한 세법의 가르침을 수지함에 환희심을 보임〕

(병 1) 능인의 모든 말씀은 열반을 얻기 위한 방편임을 설함

첫째는 '붓다의 모든 선설' 등의 한 게송이다.

【본송 38】

붓다의 모든 선설
연기성에 속하네.
또한 열반에 이끄니
적정 아닌 것, 붓다에게 없다네.

주석

해설하면, 세존 능인 존주는모든 법온法蘊을 설하셨다. 모든 직·간접의 이론들은 연기·공성의 내용을 담은 것이며, 또한 구식九識의 유정들을 열반을 얻도록 인도하는 것뿐이다. 윤회의 고통을 그치지 않는 치열한 논쟁은 붓다에게 존재하지 않기 때문이다.

역주

법온이란 말에서 온蘊은 무수한 조각들의 모임이란 뜻이다. 법온은 붓다가 설한 무수한 설법을 가리키며 법수法數란 말과 유사하다. 이 모든 이론들은 붓다가 6년간 전변설轉變說과 적취설積聚說, 즉 오늘날 유신론과 유물론에 유사한 이론들을 접고 정각을 성취한 근원에서 출발한 것이다. 우주와 생명이 어떤 연원에 의해 흘러가는지, 아니면 오로지 비정한 원소만 존재하는지 붓다는 확인하려 하

였지만, 무수한 이론들은 인간의 상상일 뿐이었다. 연기·공성은 인간의 육신과 정신 가운데 파악된 것이고, 그것만이 싯달 태자를 정각으로 이끈 것이다.

주석

이와 관련해 무니牟尼의 모든 교설이 연기로 이루어진 젔다는 것은 앞에서, "이때 구혜자는" 등의 게송에서 자세히 다루었다. '적정 열반의 성취뿐'이라는 게송에 대해 지존 마이뜨레야는,

유의미한 법을 근거로
삼계의 모든 번뇌를 버리길 설하네.
열반의 이익을 설하시기에
여기 대선大仙의 선설을 정수리에 모시네.

라고 하여 일체의 교설을 사무외에 입각해 설하였다.

역주

번뇌는 주로 감정적인 번뇌나 갈등으로 생각하기 쉽지만 불교수행에서 다루는 번뇌는 이장二障에 입각해 기억해야 한다. 번뇌장은 인아人我, 보특갈라라 일컫는 자아에 대한 번뇌로, 유식설은 말나식末那識의 의식층에서 조장하는 것으로 아만我慢·아애我愛·아치我癡·아견我見을 일으킨다고 하였다. 소지장은 양量과 관련해 무자성의 공성을 결택하는 의식층에서 이루어진다. 여기에 다섯 가지 오감五感에 관여하는 전오식前五識과 번뇌의 종자를 간직하는 아뢰야식阿賴耶識, 그리고 삼계와 삼유의 법계에 관여하는 법계체성지法界體性智를 더하면 앞서 말한 구식九識이 된다. 대선大仙은 석가모니 붓다의 별호이다.

(병 2) 〔다음 붓다의 가르침을 실천하기 위한 이론을 설함〕
둘째는, '께마오, 붓다의 선설이' 등의 한 게송에 설한다.

【본송 39】

위대하도다, 붓다의 선설로서
귓바퀴를 스친 것
이 일체는 적정을 얻기 위함이니
불설을 수지하는 자, 누가 공경치 않으리.

주석

해설하면, '꼐마오'라고 한 것은 희유하다는 뜻이다. 세존의 설법으로서 유정의 귀를 스친 일체법은 적정인 열반을 얻기 위한 것이며, 붓다의 가르침을 수지하고 해탈을 구하는 자 누구도 공경치 않는 자 없다는 뜻이다.

설법이 귓바퀴를 스친 것만으로 적정을 얻는다는 내용은 『백오십송찬』에서,

잠깐 처음 들은 붓다의 선설
청문하는 이들의 마음을 움직였네.
다음 마음에 생각하는 것은
욕망과 무지마저 멸하는 것이네.

라고 설하였다.

『본생론』에는,

청문聽聞을 따른 수행을 중심으로 삼으면
생사의 요새를 작은 노력으로도 벗어난다네.

문사수聞思修의 세 수행을 닦고 또 닦아 의지하면 점차 적정을 얻는다. 청문에 의해 담거나 버려야 할 과목을 잘 파악하고, 계학으로 청정히 하고, 나머지 두 공부(혜학과 정학)를 차례로 일으켜, 해탈을 얻는 것은 『청문집聽聞集』에서, "청문부터 시작해 제법을 알게 된다"라는 등의 가르침에도 있다. '목동의 즐거움'과 '청개구리 이야기' 등의 실화에도 부합한다.

(병 3) 〔저자 자신이 수승한 세법의 가르침을 수지함에 환희심을 보임〕
셋째는, '모든 원적을 항복 받고' 등의 한 게송이다.

【본송 40】

모든 원적을 항복 받고
전후 모순들을 비우고
구류九類의 중생에게 이익을 베푸니
이 도리에 나의 즐거움은 늘어만 가네.

주석

해설하면, 세존의 진실한 선설의 힘에서 나오는 바른 도리를 증명하고, 세존의 선설로써 원적인 외도들이 발설하는 저급한 말을 모조리 모래가루처럼 부수어 물리치고, 모두 교설에 앞뒤 많은 모순의 과실을 비우고 구류 九類의 중생들이 구하는 증상생增上生과 결정승決定勝의 두 가지 이익을 베푼다. 세 가지 수승한 법을 갖춘 우리 종파는 저자가 자타 성취의 무한한 바다를 건너는 도피안으로 향하는 롭상닥빠 당신의 즐거움이 느는 것이며, 이 종파의 원칙은 모든 면에서 발전할 것이며, 나아가 윤회가 사라지지 않는 한 고귀한 이 종파의 원칙을 지키는 것이 소원이다.

역주

중생이 구하는 것은 세간에서 일어나는 현실적 이익과 출세간의 도리에서 추구하는 불법을 익혀 해탈을 도모하는 것이다. 전자를 증상생이라 하고 후자를 결정승이라 한다.

증상생增上生과 결정승決定勝의 출처는 아비달마 문헌을 비롯해 정토, 유식의 문헌에 고루 등장한다. 증상생은 초기에 하늘에 나는 것(生天)과 관계가 깊었으나 대승불교시대에는 생천과 왕생극락을 가리키는 말이 되었다. 결정승은 생천과 왕생에 그치지 않고 해탈을 얻는 것이다. 『유가사지론』 권17에는, "모든 유정에게는 두 가지의 만滿이 있으니, 첫째는 증상생만增上生滿이며, 둘째는 결정승만決定勝滿이다. 증상생만이란 선취善趣에 나아가는 것을 말하며, 결정승만이란 애愛가 다하여 욕欲을 여읜 적정열반寂靜涅槃을 말한다"(T.30, p.370b)라고 하였다. 티벳불교의 경우 쫑카빠의 『보리도차제론菩提道次第論』에는 증상생과 결정승을 모든 단계의 불교수행에 있어 빼놓을 수 없는 중요한 덕목으로 평가하였다. 하사도의 수행에서 공덕을 닦아 그 과보로 증상생으로서 지옥, 아귀, 축생 등 삼악도를 벗어나 인간, 천신의 몸을 받을 수 있고, 나아가 중사도, 상사도의 수행을 통해 결정승인 해탈과 중생구제를 위해 일체종지를 성취한다 하였다.

주석

세 가지 수승한 법은 앞서 대략 말을 다 했는데, 인명의 자재자〔다르마끼르띠〕는,

> 관계는 〔중생에〕 수순의 방편이며
> 인간의 뜻은 발설한 말에 있네.

라고 하였다.

역주

석가모니 붓다의 연기설은 초기 교단에서 유신론과 유물론을 주장하는 외도와 많은 논쟁을 벌였으며, 그 논쟁의 자취가 문헌적 흔적에 남아 있다. 초기 불교이론이 연기설과 무아설에 집중된 것이 바로 논쟁의 흔적이다. 붓다는 아라한의 삼명三明이 세간의 혼란을 물리친다고 설하였다. 삼명은 천안통·천이통·누진통을 가리키지만 아라한은 연기에 통달하고 연기의 공능을 통해 세간에 기여한다. 보현행원普賢行願에는 대승의 보살이 세상에 봉사하고 중생을 구하는 의지로 채워져 있다. 샨띠데와의 『입보리행론』은 연기와 중관의 지혜를 기초로 세상과 대중에 헌신하려는 요강이다. 다르마끼르띠는 중생구제의 방편이 중생과의 관계, 즉 연을 통해 실현된다고 설한다. 또한 중관이 내세우는 언명言名을 통한 가설假說에 의해 중생은 해탈의 이익을 얻는다는 말을 덧붙이고 있다.

붓다의 은혜를 기억하는 도리

과단

(을 4) 〔붓다의 은혜를 기억하는 도리〕는 두 내용으로 나눈다.

(병 1) 저자가 붓다를 기억하는 도리

(병 2) 다른 제자들에게 붓다를 기억하는 도리를 해설

(병 1) 첫째, 〔저자가 붓다를 기억하는 도리는〕 셋으로 나눈다.

(정 1) 능인왕이 수행할 때 법을 구하기 위해 견디었던 고행을 기억하는 도리

(정 2) 불법을 능인왕으로부터 청문할 때 그것이 희유함을 기억하는 도리

(정 3) 심오한 연기의 의미를 설하는 도리를 기억함으로써 마음의 환희를 일으키는 도리

(정 1) 〔능인왕이 수행할 때 법을 구하기 위해 견디었던 고행을 기억하는 도리〕
첫째, '법을 구하기 위해 붓다는' 등의 한 게송이다.

【본송 41】

법을 구하기 위해 붓다는
어느 때는 몸을, 어느 때는 목숨을
사랑하는 친지와 향락 등을
무량겁 동안 버리고 또 버렸네.

주석

해설하면, 심오한 연기의 도를 구하기 위해 능인 존주는 유학도有學道의 단계에서 어느 생에는 몸인 육신을, 다른 생에는 가장 소중한 목숨을, 마음 깊이 사랑하는 가족이나 황금과 의복 같은 향락들을 3무량겁, 혹은 7대 겁 동안 한 차례 이상 버리고 또 버려 무량한 고행을 감내하였기 때문에 능인왕이 해탈을 구하는 제자들에 준 한결같이 큰 은혜는 비할 바가 없음을 기억해야 한다.

역주

무량겁은 헤아릴 수 없이 긴 시간을 뜻한다. 산스끄리뜨어의 음역은 아승지겁(阿僧祇劫, asaṃkhyeya-kalpa)이다. 인도는 큰 숫자의 단위가 존재하는데 『화엄경』에는 120가지의 단위가 있다. 백천, 즉 십만의 제곱을 1구지俱胝라 하며, 이것을 백 번 이상 곱하면 1아승지가 된다. 『대지도론』에는 헤아릴 수 없는 수의 단위라고만 하였다. 대겁大劫의 경우 한 우주가 성주괴공成住壞空하는 시간을 가리킨다.

또한 〔붓다의〕 고행 내력을 살펴보면, 능인 존주께서 과거 유학도有學道의 단계에서 수행할 때 도의 단계에 따라 씨비왕(하옥왕賀沃王)이 되었을 때 불법 한 구절을 위해 육신의 살과 피를 보시하였고, 겐싸니빠리(감하내파륵甘夏耐巴勒)라는 왕이 되었을 때는 몸에 천 개의 등을 지폈으며, 빌리까리(사능알륵射楞嘎勒)왕이 되었을 때는 몸에 천 개의 못을 박았다. 담까마(달마갈마達碼喝瑪)왕자가 되었을 때는 깊이가 12자에 이르는 불탄 석탄이 가득 찬 동굴에 뛰어들었고, 위따라(교달랍驕達拉)선인이 되었을 때 자신의 피부를 벗겨 종이로 만들었고, 피를 먹으로 만들었으며, 뼈를 갈라 붓으로 만들어 게송을 베꼈다. 범천왕이 되었을 때 자신의 아들과 아내 등을 설법자에게 공양하였다.

최출왕자가 되었을 때는 귀중한 옷과 무량한 옷과 보배와 보석을 아사리에게 공양 올리고, 자신은 절벽 아래 뛰어내렸으며, 다와왕자가 되었을 때 천 냥의 금화를 보시하기를 한 게송마다 하였고, 또한 무량한 고난을 행한 것이 경전에 많이 설해져 있다.

이와 같이 수행을 실천하는 우리도 본사本師의 전기와 같이 심오한 법을 위해 많은 수행문의 자량을 쌓고, 장애를 정화하는 데 노력하는 것이 필요하다고 설한 것은 견해를 깨닫는 자량에 의지하라는 조언에도 부합하는 것이다.

(정 2) 〔불법을 능인왕으로부터 청문할 때 그것이 희유함을 기억하는 도리〕
둘째, '연기의 공덕을 보는 것은' 등 두 게송이다.

【본송 42·43】

연기의 공덕을 보는 것은
갈고리로 고기를 낚는 것 같아
그대의 마음을 인도하는 법을
스승에게 듣지 않으면 불운한 것.

유정이 받는 고통의 힘은
아끼는 자식 보는 어머니의 마음 같아
그 마음 씀씀이처럼
나의 뜻도 포기하지 않으려네.

주석

풀이하면, 심오한 진실인 연기의 공덕은 집착 등의 번뇌, 습기를 뿌리째 뽑아내는 등 한량이 없는 것으로, 무구한 사유에 의해 깨달은 것은 마치 낚싯바늘이 물고기를 낚아 물에서 꼼짝 없이 건져내는 것과 같다. 수호자 능인 존주는 당신의 마음을 내어 뜻을 세운 것으로, 지금 말한 한량없는 고행을 통해 심오한 법을 깨달은 것이다. 무니로부터 직접 청문하지 못한 것에 대해 저자 스스로 '선근이 박복하다'는 생각으로 마음 깊이 후회하고 이로 인한 번민의 힘은 사랑하는 외아들을 보낸 모정의 큰 고통과 같은 아픔을 겪는 것과 같아 밤낮 온종일 아들만 생각하는 것처럼 저자 자신의 마음은 항상 잊지 못하는 것이다.

이것은 저자 스스로 심오한 진리를 구하기 위해 상제보살常啼菩薩과 마찬가지로 주야 끊임없이 정진의 갑옷을 입고 난행을 감내한 것임을 설한 것이다.

또한 이것은 청정한 모든 현교와 밀교에 부합하지 않는 소승 문헌의 교설을 버리고 한 생에 성불할 수 있는 방편을 비밀한 큰 소리로 알리는 것이며, 안락과 광명의 무분별의 체험과 내외(정신과 육신) 공통의 삼매로서 높은 구경차제의 도를 선양한 지혜로운 성취자들의 경지로도 미치지 못하는 해탈도이다. 어떤 비유에서 '그 고통의 힘'을 두고 '그와 같은 고통의 힘은 불에 비유된다'라고 말해도 겨우 쌀알을 더한 것뿐이다.

역주

상제보살常啼菩薩이라는 이름은 항상 우는 것에 연유해 붙여진 이름이다. 『대반야경』 제398권에 상제보살은 반야바라밀다를 구할 때 신명을 아끼지 않았고, 반야바라밀다를 들을 때 환희심에 울었다고 하였다. 또한 붓다가 없는 세상에 태어난 중생들에게 안타까운 심정을 내어 울었다고 한다. 『도행반야경』 제9권 「살타파륜보살품」에서 살타파륜은 보살의 산스끄리뜨명을 음차한 것인데, 이 보살은 꿈속에서 동방에 반야바라밀의 법이 있다는 꿈을 꾸고 간다

바티에 이르러 다르모드가타(Dharmodgata)를 만나 법을 얻었다고 하였는데, 다르모드가타는 반야바라밀을 유포하고 『대비바사론』을 저술한 실제 인물로 전한다. 『대지도론』 96에는 16선신 가운데 하나로, 『반야경』의 수호자로 등장한다.

(정 3) 〔심오한 연기의 의미를 설하는 도리를 기억함으로써 마음의 환희를 일으키는 도리〕

셋째는, '이때 불설을 생각하면' 등의 두 게송이다.

【본송 44·45】

이때 불설을 생각하면
상호는 길상을 발하고
광배는 불신을 두르며
붓다는 범음을 펴네.

이것은 이렇다 설법을 사유하고
마음에 무니의 상호가 떠오르면
떠오른 것만으로 열뇌의 고통이
〔차가운〕 달처럼 식는다네.

주석

해설하면, 다음과 같이 번뇌에 의해 마음이 항상 고통받더라도, 이것을 식히는 방편이 있으니, 능인왕의 설법인 연기의 의미 등을 사유할 때 상호는 길상을 발하고, 광명의 그물이 주위를 두르는 등 불신佛身이 많은 공덕을 갖추고 있는 것이 붓다이며, 지혜와 자비 등 마음의 공덕을 보여주는 능인왕으로, 우리들이 귀의처로서 인식해야 한다.

주석

설법의 공덕이 60가지에 이르는 범음梵音을 통해 심오한 연기의 의미에 대해 『십만송반야경』에는, "정리正理의 고결한 문에 의해 이와 같이 설한다"라고 하여, 저자 자신의 마음에 붓다의 상호를 떠올릴 때 설법의 내용을 한 번 상기하는 것만으로 마치 극한의 열기에 고통받는 몸에 달빛을 쪼일 때 편안해지는 것처럼 고통을 물리치는 데 도움이 되고 치유가 된다.

이것은 능인왕의 몸과 말씀, 마음의 모든 공덕을 잘 기억하는 수행문이다. 때문에 수행할 때는 대자비께서 적정 열반을 얻는 유일하며 심오한 근거인 연기의 진리를 이와 같이 말씀하셨다는 것을 마음으로 생각해야 한다. 이것을 반복하여 닦는 붓다를 수념하는 수행의 필요성을 설하는 것은 〔스승들이〕 제자들에게 가르친 수행과 부합하는 것이다.

역주

연기법을 중심으로 불교수행을 설하면서 본송 42·43에서는 수행에 대한 절실한 동기와 마음가짐을 설하고 본송 44·45에서는 관상觀想수행을 밝히고 있다. 관상수행의 관상대상은 초기에는 호흡·소리·불탑이 있었지만 대승불교시대에는 불상·무드라·만다라 등 다양한 소연상을 개발해 불교수행에 적용하였다. 『반야경』에는 산스끄리뜨 알파벳 42자에 『반야경』의 중심사상을 배열한 소리관상이 유행하여 『화엄경』·『열반경』을 비롯해 밀교경전에도 채용되었다.

(병 2) 둘째, 〔다른 제자들에게 붓다를 수념하는 도리를 가르침〕 둘로 나눈다.

(정 1) 심오한 연기의 이치를 구하는 도리

(정 2) 연기의 도리를 구한 다음 붓다를 수념하는 가르침 본문

(정 1) 〔심오한 연기의 이치를 구하는 도리는〕 넷으로 나눈다.

(무 1) 티벳에 유행하는 논전을 믿지 말고, 인도의 지자들을 따를 필요가 있다는 가르침

(무 2) 빤디따의 교수법도 여러 가지 많은 것들이 있음

(무 3) 심오한 주석으로 용수부자의 이론을 가르침

(무 4) 우리 학파 선지식 스승들에 의지할 필요가 있다는 가르침

(무 1) 첫째, 〔티벳에 유행하는 논전을 믿지 말고, 인도의 지자들을 따라 필요가 있다는 가르침은〕 두 가지로 이루어져 있다.

(기 1) 과거 티벳의 설법 방식에 의지하는 것은 적절치 않음

(기 2) 반드시 인도의 논사들을 따라야 할 이유

(기 1) 첫째, 두 주제 가운데 과거 티벳의 설법 방식에 의지하는 것은 적절치 않음을 밝힌 것은, '이처럼 희유한' 등의 한 게송이다.

【본송 46】

이처럼 희유하며
거룩한 도리에 무지한
중생들은 토사초와 같아
이것저것을 두고 싸우는구나.

주석

풀이하면, 해탈을 구하는 자로서 수승한 중관의 도리를 구하는 이들은 과거 티벳인들이 폈던 여러 가지 주장들을 모조건 신뢰해서는 안 된다. 왜냐하면 무자성無自性이 인과 등 모든 이론의 오류 없는 정의라 말할 수 있는 것은 앞서 설명한 도리와 같이 희유하다고 평가할 수 있는 고귀한 이론이지만, 공성을 설함에 있어 과거 티벳에는 불완전한 이론을 펴는 인물들이 능인의 가르침을 잘못 해석한 주장들이 다수 존재해 옳지 않은 주석을 수없이 남발하였다. 때문에 토사초와 같이 다양한 주제를 두고 서로 얽혀 싸웠다고 말하는 것이다.

역주

티벳에는 송첸감뽀왕 시대에 인도불교와 중국불교가 한꺼번에 유입되었다. 보살지에 입각한 인도불교의 유가행과 선불교가 대두되기 시작한 중국불교의 서로 다른 양상 때문에 티벳불교는 큰 혼란을 일으켰다가 티송데첸왕 시대 삼예사에서 논쟁을 벌여 인도불교를 공식으로 인정하였다.

주석

〔질문〕 그것은 무슨 말인가?

〔답변〕 어떤 이들은 우리 중관학자의 이론에 유무有無 등 〔팔부중도를〕 조금도 수용하지 않는다고 주장하며, 어떤 이들은 승의제는 소지所知가 아니라고 주장한다.

어떤 이들은 공성의 의미에 대해 유루를 별도의 실체로 이해하거나, 공계空界가 안락의 핵심으로 영원하며 항상 견고한 것으로 일체중생의 상속(심신)에 본래 존재하는 것이라 주장한다. 다른 이들은 마음의 작의作意를 떠나 분별심을 감추거나 일으키는 작용을 막는 것이 공성의 깨달음이라 이해하는 등 여러 가지 사례가 있다.

이를 자세히 알려면 제 일체지자(쫑카빠)의 『선설장론善說深髓』, 『보리도차제론菩提道次第論』, 『중론소中論疏』, 『입중론』의 주석, 케둡 겔렉 빽상의 『공성의 총의를 밝히는 눈』, 『견해의 오류와 무지를 밝히는 해설』 등을 보아야 한다.

이에 대해 제2의 붓다는 스스로 말하길,

> 많은 불전의 교설과 논리학의 방법(道)에 대한 청문과 많은 고행에 의지하여 현증現證의 공덕도 있고, 자량도 수없이 쌓아 적지 않을 테지만, 노력해도 깨달음을 얻지 못한 채 정체한 이들은 라마 문수보살의 자비에 의지하는 친견이 필요하다.

라고 설하였다.

주석

과거 티벳에는 수승한 이론을 갖춘 이 〔중관의〕 도리를 설하는 대신 유식학파의 이론대로 색色의 자성과 특히 변계소집의 변계遍計와, 이 〔변계의〕 성상性相의 성립을 부정하는 것이 법무아에 속하는 다는 이론에 대해 그 누구도 여실한 도리를 진실하게 말하지 못했다.

역주

과거 티송데첸왕은 인도불교를 수입하기 위해 티벳어와 티벳문법을 제정하고 인도경전을 티벳어로 역출해 낼 수 있는 역경사를 파견하기 시작하였다. 그러나 인도에 많은 학파와 종파가 존재해 인도와 티벳의 불교교류가 이루어지던 초기에는 연기설과 중관사상에 입각한 불교의 진의가 전달되긴 어려웠다. 9세기 불교와 토착종교인 본교와의 갈등으로 랑다르마왕이 불교를 금지한 이후 티벳불교는 백여 년간 정체기에 있다가 1038년 위끄라마실라사의 아띠샤가 서부 티벳 아리왕에 의채 초빙되어 불교 수입이 제기되었다. 랑다르마왕의 파불을 기준으로 티벳불교는 크게 전전기와 후전기로 나눈다. 티벳불교는 린첸상뽀를 위시해 새로운 역경사업을 벌이고 아띠샤의 까담빠를 기초로 인도불교를 새로이 연구하여 쫑카빠에 의해 중관사상의 귀류논증의 이론을 지지하는 겔룩빠의 종학을 대성하였다.

주석

케둡 겔렉 뺄상은,

그 누구라도, 어느 곳이든지
심오한 의미를 말로 밝히지 못했네.
밀의密意의 보물창고를 연 연후에야
이처럼 환희가 넘쳐난다네.

라고 하여 유식의 종의에 대해 평가했다. 그러나 제 일체지자께서는 역경사 마르빠와 밀라레빠 금강부자, 사꺄빤첸 부자 등과, 까담빠의 종조 돔뙨빠 부자, 부뙨 린뽀체, 렌다와 등 과거에 활동했던 스승들에 대해, "깊은 이치를 깨닫지 못했다"라고 주장하지는 않았다.

역주

마르빠(1012~1097)는 인도 나란다대학 출신 나로빠(1016~1100)를 스승으로 삼고 인도 벵갈지역의 사하자야나 밀교를 위주로 성취에 이르러 제자 밀라레빠(1040~1123)와 함께 티벳불교 까규빠의 종조로 추앙된다.

티벳불교의 사꺄빠는 인도 벵갈 출신의 비루빠(8~9세기)를 종조로 삼는데, 그는 소마뿌리 마하위하라 출신이다. 사꺄빠는 꼰촉 걀뽀(1034~1102)에 의해 크게 확장되었는데, 그의 아들인 사첸 꿍가닝뽀(1092~1158)는 명망있는 많은 제자들을 키워냈다. 이 종파는 람대(道果)와 현밀겸수의 전통들을 가르친다.

까담빠는 잘 알려진 인도 위끄라마실라사의 학장 아띠샤를 종조로 삼고 있으며, 아티샤의 제자인 돔된빠(1005~1064)가 라싸(Lhasa) 북쪽에 라뎅사원을 건립한 것이 종파 성립의 계기가 되었다. 아티샤는 1042년 티벳왕인 예셰 외와 장춥 외에 의해 티벳에 초청되어 많은 가르침을 폈고, 그의 저술인 『보리도등론菩提道燈論』은 계율을 강조하여 티벳이 계율 중심의 전통 승가를 회복하는 데 기여하였다.

부뙨 린포체(1290~1364)는 사꺄의 고승으로 현교와 밀교에 해박하였으며 특히 샬루지방에서 불교문헌을 망라해 목록을 작성하였는데 모두 4,569부의 불전을 포함하였다. 부뙨 린포체는 밀교를 딴뜨라로 규정하고, 소작所作딴뜨라·행行딴뜨라·유가瑜伽딴뜨라·무상유가無上瑜伽딴뜨라의 4부딴뜨라로 나누었으며, 이후 쫑카빠를 비롯한 겔룩빠 교학 성립에 기여하였다.

렌다와 쉰누로되(1348~1349) 역시 사꺄의 고승으로, 사꺄빠 절정기의 스승들로부터 현교와 밀교를 배우고 많은 제자를 길러내고 다수의 저술을 남겼다.

케둡 겔렉 뺄상의 유식에 대한 평가는 후대 정교한 종학의 기준을 대어 비판하지 않고 티벳불교 종학의 심오한 이론들을 긍정하는 입장을 보이고 있다.

겔룩빠 귀류논증파의 입장은 자립논증파와 같이 진리나 법성, 심지어 공성을 상정하는 마지막 언명도 인정치 않는다. 귀류논증파는 종학의 이론조차도 불교사 전개의 관점에서 긍정하는 포용성을 보인다. 궁극의 공성은 석가모니붓다가 설한 연기설·오온·사성제·팔정도의 언명과 가립이 설 자리가 있다. 설일체유부·경량부·유식·중관의 자립논증파도, 그 다양한 이론들도 세간의 소식으로서 마땅히 용납하고 비판의 날을 대는 것이다.

주석

〔케둡 겔렉 뻴상은〕 호닥출신의 마르빠 부자에 대해 『비밀집회딴뜨라』를 본뜻대로 깨달았다고 하였으며, 사꺄빤첸 부자에 대해서는 『헤바즈라딴뜨라』의 관정과 양 차제(생기차제·구경차제)의 핵심을 〔바르게〕 파악하고, 전도된 오류는 없다고 주장했다. 견해를 통달하지 못하고, 딴뜨라들의 본의를 파악하지 못한 이론의 사례들은 까담빠의 『청색수첩』에서 주장의 오류를 다룬 「대위빠싸나」 품에서 알 수 있다. 이들에 속한 학파는 여러 가지가 있다.

이처럼 말하지만 어느 누구도 지존 일체지자(쫑카빠)와 같이 중관의 심오한 이론들을 오류 없는 논리의 말씀으로 상세하게 정의한 것으로 나가르주나 부자의 의도에 따라 약간의 오류 없이 대작의 논전에서 수행의 도리를 밝힌 경우는 보이지 않는다. 이것은 오직 밀교인 금강승金剛乘을 모두 거쳐야 알 수 있다.

때문에 오직 지존 라마 한 분과 지혜의 성취자들을 정수리에 모시고, 찬탄의 뜻을 펴기 때문에 이 오랜 전통에서 현교와 밀교 모두에 오류의 결점이 털끝도 없다는 것을 올바른 논리로 증명할 수 있는 것이다.

역주

티벳에 불교를 전한 아띠샤의 『보리도등론』은 인도와 티벳의 불교사를 잇는 연속성을 평가하는 데 중요하다. 그러나 교학, 수행, 의궤, 전적, 모든 면에서 인도불교는 14세기 전후 도차제道次第와 종학宗學의 이론에서 그 정점을 찍었다고 평가할 수 있다.

'벨바자'라는 풀은 가는 풀 하나하나마다 작은 먹잇감을 포획할 수 있다. 많은 풀이 모이면 코끼리도 포획할 수 있기 때문에 물건들을 묶는 데 쓰인다"고 하였다.

『세연마론細研磨論』에는, "어떤 대상을 묶을 수 있는 것으로 '벨바자'라는 것은 벨바자와 같이 〔묶는〕 능력이 있다는 것이며, 많이 모이면 코끼리도 잡아맬 수 있다"라고 하였다. 이상은 어떤 주석에서 인용한 것이지만 이 주장에 대한 자세한 내용은 티벳과 인도 고금의 출판과 필사본 등 어디에도 존재하지 않기에 잘못된 문자나 출처의 오류인지를 나중에 살펴야 할 것이다.

『세연마론』에는, "그러나 벨바자풀과 같이 되어 있다"라고만 나온다. 이에 대한 자주로서 저자인 카시미르의 뻰디따 자야아난다는 경전부 '쿠(ku)'의 어떤 번역에서, "벨바자풀 하나로는 코끼리를 묶는 것은 불가능하지만 여러 다발을 묶으면 가능하다"라고 한 것을 여러 이론들 일부에서 볼 수 있다고 하였다.

어떤 주석에는, "벨바자는 바위산과 초지 사이에 자생하는 풀로 "'싱우'라고 부른다"라고 하였지만 이것은 오류임을 쉽게 알 수 있다. 또한 "지역 곳곳에 서로 뒤섞여 빽빽하게 얽힌 풀의 일종이 벨바자이다"라고 하였지만 정확한 말은 아닌 것으로 보인다.

(기 2) 두 번째, '반드시 인도 논사들을 따라야 할 이유'에 대해서는 다음, '나는 이 도리를 보고서'라는 한 게송에 나온다.

【본송 47】

나는 이 도리를 보고서
수없이 노력하였고 지혜자를 좇아
붓다의 밀의를
수없이 탐구했네.

주석

풀이하면, 과거 티벳 사람들의 여러 가지 설법은 대부분 신뢰할 수 없는 것으로 이를 본 후 저자(쫑카빠) 자신은 밤낮을 가리지 않고 문사수聞思修 세 가지의 많은 노력에 의해 인도 학자들의 육장엄六莊嚴 이수승二殊勝의 논전들을 연구하여 붓다의 심오한 밀의인 연기의 의미가 무엇인지 두고두고 탐구하였다.

이에 대해 지존 일체지자(쫑카빠)는, "세간에 육장엄六莊嚴 이수승二殊勝이라고 알려진 전적들에 대해 일부분이나 대충 만족하지 않고 광범위하게 심도 있게 연구하였다"라고 설한 것처럼, 이들 지자智者의 논전들은 저자 자신들이 큰 애착을 쏟은 노력을 통해 완성한 것이다. 다른 논전들은 비판할 곳이 없다 해도 다시 자세히 살펴보면 비판할 부분과 편협한 집착이 있다. 〔이들 논전에 대해〕 대략 이해한 것만에 만족하고 깊이 살피지 않은 채 난해한 곳에 대해 성급한 결론을 내리는 것은 지존 일체지자의 방식이 아니니 〔연구자들은〕 진지한 생각으로 깊은 이해에 도달할 때까지 살펴보아야 한다.

가르침의 보물들을 정리하여 자타 세상에 편 내력은 상세한 전기에서 알 수 있으며, 이 〔게송은〕 연구자들이 지자들의 문헌들을 연구할 필요가 있다는 가르침이다.

역주

게송에서 '나'는 쫑카빠를 가리킨다. 인도 대승불교는 문사수혜聞思修慧를 불교의 정통한 수행과정으로 간추렸다. 청문과 사유, 수습을 거쳐 불혜佛慧의 안목에 도달해야 하며, 이 과정에 하나라도 미흡하면 자성의 안목을 갖출 수 없다. 여섯 장엄은 인도의 여섯 주석자들로 나가르주나(용수龍樹)·아랴데와(성천聖天)·아상가(무착無着)·와수반두(세친世親)·디그나가(진나陳那)·다르마끼르띠(법칭法稱)이다. 요약하면 중관·유식·인명의 주요 주석을 남긴 인도의 조사들이지만 이들이 지지한 것은 지엽적인 학파의 교리가 아니라 석가모니 붓다 이후 나란다 마하위하라 등에서 수집한 문헌과 교리, 수행, 의궤 등 전체적인 토대에서 문사수의 유가행, 현밀을 연구하고 주석을 저술하였기 때문에 한 과목이나 학파의 학장으로 간주해서는 안 된다.

이 장엄은 구나쁘라브하(공덕광功德光)과 사꺄쁘라브하(석가광釋迦光)인데, 다른 전통에서는 2장엄에 나가르주나와 아상가를 넣기도 한다. 구나쁘라브하는 7세기의 인물로 세친의 제자로서 인도 대승불교의 율학을 대성한 인물이며, 사꺄쁘라브하는 8세기에 활동한 인물로 샨타락시따의 제자이며 인도의 율학을 티벳에 전한 인물이다.

(무 2) 〔빤디따의 교수법도 여러 가지 많은 것들이 있음〕

두 번째, '이때 자신과 다른 학파에 대해' 등 하나의 게송이다.

【본송 48】

이때 자신과 다른 학파에 대해
많은 전적들을 연구하면
갈수록 의심의 그물에 의해
나의 마음은 두루 번민하게 되네.

주석

해설하면, 이처럼 말한 도리들을 연구할 때 우리 종파가 지지하는 중관학파와 다른 학파인 실재론자 이외 무수한 논전들을 연구하게 된다. 학자들이 주장하는 이론에는 여러 가지가 있으며, 인도 빤디따들의 수승한 이론들은 심오하고 명확하다. 그중에 어떤 것은 능인의 요의了義의 가르침이라고 생각하지만 가면 갈수록 의심의 그물에 의해 자신의 마음은 여러 가지로 고민하게 된다.

이것은 대부분 위아래 학파의 기초이론의 기본인 수행체계와 성취의 이론에 많은 차이가 있기 때문이다. 특히 『반야경』의 교리를 해석하는 데 있어 다양한 방식이 존재한다. 이 도리들은 지존 〔쫑카빠〕 대사 부자父子의 이론과 종파의 교상판석을 통해 알아야 한다. 이에 대해 짧은 글로는 다 말할 수 없고, 많으면 바른 뜻을 그르치기에 기술하지 않는다.

(무 3) 〔심오한 주석으로 용수부자의 이론을 가르침〕

세 번째는, '붓다의 무상승의 도리는' 등 두 게송과 반절의 게송이다.

【본송 49·50·51-1】

붓다의 무상승無上乘의 도리는
유有와 무無의 극변을 물리치고
진실한 주석에서 교의를 드러내니
나가르주나의 재스민 같은 논전에서 구하네.

무구한 지자의 바퀴를 굴리시니
경설은 허공 같아 걸림 없는 원천이며
극변에 집착하는 무명을 밝혀
별과 같은 삿된 주장을 물리치네.

길상 짠드라끼르띠의 선설인
백색광명의 다발에서 밝혀지네.

주석

풀이한다.

〔질문〕 그렇다면 지금까지 심오한 내용들의 주석은 양量으로 풀어낸 것인가?

〔답변〕 그렇다. 세존의 수승한 무상승無上乘의 도리는 유무有無·상

단常斷의 두 극변을 버리는 것으로 경설의 여실한 도리를 주석한 분은 성 나가르주나이다. 때문에 '〔붓다〕 당신에 의해'라는 말의 여러 사례가 나온다. 그런데 나가르주나를 따르는 학자들도 많은 이들이 있는데 누구를 따라야 할 것인가? 이것은 다음과 같다.

거룩한 나가르주나가 남긴 주석들은 『근본중송』과 『반야』 등 다섯, 혹은 여섯 가지 종류가 있으며, 많은 경전을 요약해 펼친 재스민꽃의 대정원이라 할 수 있다. 이것은 심오한 연기의 도리에 통달한 것으로 심오한 이치를 주석함에 있어 의미 몰이해나 사견과 같은 오류 없이 지식의 바퀴를 널리 펴고, 깊고 방대한 논전의 허공에 자유자재하여 두려움 없는 이해로 강설, 논쟁, 저술에도 역시 두려움 없어 수승한 무리 중에서도 큰 소의 자리를 차지한다. 연기에 의한 가립의 도리만을 말함으로써 구류의 중생들이 가진 정신에서 상단의 극변을 고집하는 어리석은 마음을 남김없이 밝혔다. 자타의 학파들에 대해, "자상自相이 성립치 않으면 일체의 소작과 능작도 불합리하다"라는 삿된 주장을 일삼는 별 같은 무리들을 걸러내 물리쳤다.

역주

붓다의 연기설은 부파불교와 대승불교 시대 존재했던 많은 학파와 학자들에 의해 연구되었다. 초기불전에는 연기설의 본의를 무아설이라 하였지만 무아無我의 해설 방식은 학파마다 달랐다. 2세기 전후 대승불교시대 나가르주나만이 연기로부터 계승된 반야사상을 깊이 이해하고 팔부중도八不中道와 이제설二諦說의 이론을 확립해 석존의 연기설을 드러냈으니 이후 붓다의 연기설과 나가르주나의 중관의 도리를 넘는 주장은 일체 없었다.

역주

게송에서 짠드라끼르띠의 백색광명의 다발은 이어지는 주석자의 해석에서 짠드라끼르띠의 주요 저작에 나타난 귀류논증파의 입장을 가리킨다.

주석

여기서 오직 네 가지 탁월한 법을 갖춘 길상 짠드라끼리띠만이 『명구론明句論』과 『육십송여리론석六十頌如理論釋』, 『사백론석四百論釋』, 『입중론入中論』의 본송과 주석들로부터 백색 광명의 빛줄기로써 밝히기 때문에 이들을 구해 따르는 것이 마땅하다.

역주

짠드라끼르띠는 7세기경 활동한 인도의 승려로 어릴 때 출가해 이미 삼장에 통달하였고, 바브하비베카의 제자, 붓다빨리따의 제자 까마라붓디에게 중관을 배웠다. 나란다사의 주지를 역임하고 말년에는 남인도 꼰까나에서 활동하였다. 청변이 불호를 비판하자 불호를 옹호했는데, 이 사건을 두고 티벳불교는 중관학파를 자립논증파와 귀류논증파로 구분하기 시작했다. 『명구론』은 짠드라끼르띠의 대표저작으로 청변의 자립논증의 방식을 비판한 것이며, 『입중론』은 중관의 철학에서 보살지를 유가행 입장에서 주석한 것이다. 『육십송여리론석』은 중관사상을 다룬 나가르주나의 저작을 중관과 유식의 입장에서 주석한 것이며, 『사백론』은 외도의 이론을 비판하고 중관의 수행을 제시한 아리야데와의 저작이다.

주석

성 나가르주나의 심오한 오의를 주석하여 수승한 가르침을 편 것은『입능가경入楞伽經』에서,

> 남쪽 바이따라는 곳에는 비구 뻴덴이라는 분이 있었는데, 그 이름은 '나가〔용〕'라 하였으며 유와 무의 주장을 물리치고, 대승을 세간에 굴려 대무상승을 설하고, 환희지를 성취한 다음 극락에 갔다네.

라고 한 데서 보인다.

또한,『일만이천송대운경一萬二千頌大雲經』과『대법고경大法鼓經』,『문수사리근본의궤文殊師利根本儀軌』,『깔라챠끄라딴뜨라』등 무수한 현교와 밀교 경전에서 확실히 수기를 내렸다.

『입능가경』의 경문에 설한 것은 공성뿐만 아니라 진언밀교의 심오한 전승을 주석하고 도리들을 밝힌 것으로『등작명』에도 설한다. 지존 일체지자는 다른 저술에서 아리야데와도 나가르주나와 마찬가지로 신해信解의 마음을 지켜야 한다고 설하였고, 붓다빨리따와 샨띠데와, 짠드라끼르띠도 동일하게 바른 생각으로 인식하는 것이 필요하다고 설하였다.

역주

나가르주나는 중관학파의 종조이지만, 10세기 전후『비밀집회딴뜨라』에 대한 주요 주석을 남긴 밀교 아사리로서 동명의 인물이 존

재한다. 후자는 주로 『비밀집회딴뜨라』의 성취법과 주석을 남겼으며, 중관학파와 동일하게 전승 제자 가운데 아리야데와, 짠드라끼르띠 등의 같은 인명도 볼 수 있다. 이들의 의도는 중관학파를 지지하며, 그 계승자를 자처하는 인도 종교 전통의 사례를 따른 것이다. 나가르주나 유파가 남긴 주석들은 매우 큰 영향력을 가져 인도밀교의 융성에 크게 기여하였다.

『등작명燈炸明』은 인도 후기밀교 경전인 『비밀집회딴뜨라』에 대한 밀교 아사리 짠드라끼르띠의 주석이다. 『비밀집회딴뜨라』는 9세기 전후 출현한 최초의 인도 후기밀교 경전으로, 그 중심 내용은 비밀집회딴뜨라만다라의 의궤와 함께 후기밀교 수행체계인 생기차제生起次第와 구경차제究竟次第를 설한 것이다. 생기차제와 구경차제는 붓다의 정각과 관계가 깊은 12지연기의 내관인 순관順觀과, 역관逆觀을 후기밀교에 입각한 수행체계로 구현한 것이다.

때문에 짠드라끼르띠 한 사람만을 말하면, 성 나가르주나의 논전들을 각기 주제와 논증의 방법으로 폭넓게 다룬 것은 〔짠드라끼르띠〕 스승의 문헌이며 이는 다른 사례에는 찾아볼 수 없다.

다음의 게송은 희유한 중관의 도를 알길 바라는 자들이 나가르주나와 특히 짠드라끼르띠의 문헌들을 상세히 연구할 필요가 있음을 가르치는 것으로, 비할 자 없는 위대한 아띠샤께서,

누가 공성을 깨달았는가?
여래께서 수기하신 분으로
법성의 진리에 통달한
나가르주나와 제자 짠드라끼르띠뿐이네.
이로부터 전승된 구전에 의해
법의 진리를 깨닫게 되네.

라고 설한 것과 내용을 같이하고 있다.

(무 4) 〔우리 학파 스승인 선지식에 의지할 필요가 있다는 가르침〕
넷째는, '스승의 자비에 의해 실견實見했을 때 나의 마음은 휴식을 얻었다네.'의 두 구절이다.

【본송 51-2】

스승의 자비에 의해 실견實見했을 때
나의 마음은 휴식을 얻었다네.

주석

해설하면, 이처럼 세존 능인왕이 설한 모든 경전의 핵심은 불모佛母 반야바라밀다의 궁극적 밀의인 심오한 연기의 도리이며, 수기를 받은 나가르주나께서 주석한 도리이며, 붓다빨리따와 길상 짠드라끼르띠의 오류 없는 정리正理를 넓게 드러낸 것에 있다. 큰 스승이자 수호자인 문수보살의 자비에 의해 지혜자의 안목에서 저자 롭상닥빠 자신의 마음은 평안을 얻었다는 것이다.

역주

쫑카빠의 생애는 문수보살과 깊은 관련이 있다. 쫑카빠의 공부에 큰 영향을 주었던 스승은 문수보살과 대화할 수 있는 능력을 가졌고, 쫑카빠 자신도 말년에는 문수보살과 직접 대화할 수 있었다.

주석

여기서 라마는 문수보살을 가리킨다. 제 일체지자〔쫑카빠〕는,

헤아릴 수 없는 제불을 낳은 것은
지혜를 남김없이 갖춘 묘길상妙吉祥이네.
단절 없는 강한 신해에 의해
가슴의 연화蓮華에 귀경하나니
경장의 진리를 본 선설과
희유한 경설에 계합한 것, 이것이네.

라고 설하였다. 또한 큰 스승(제 쫑카빠)은 문사수聞思修의 모든 수행을문수보살에게 의지할 것을 설했으니, 〔지존 쫑카빠 대사의〕 〈증도가〉에는,

이 도리를 사유하고 헤아리나니
지존 문수보살께 큰 은혜를 돌리네.

라고 하여 게송마다 후렴구에서 반복했다.

이것은 심오한 진리를 알길 바라는 이들이 선지식의 가르침대로 의지할 필요가 있다는 가르침이다.

(정 2) 〔연기의 도리를 구한 다음 붓다를 수념하는 가르침 본문〕
둘째, '모든 불사佛事 가운데 설법은'의 한 게송이다.

【본송 52】

모든 불사佛事 가운데 설법이
수승한 사업이며, 또한
여실성을 담기에 지자들은
이에 의지해 붓다를 수념隨念하네.

주석

해설하면, 능인왕의 신어심身語心으로 이루어지는 무수한 불사 가운데 설법의 가르침은 수승한 사업이다. 여기에 많은 것이 존재하지만 중심이 되는 것은 심오한 연기의 진리를 설한 것이다. 밝은 스승들은 〔진실과 거짓을〕 취하고 버리는 도리를 두고 붓다의 자비를 기억해야 한다고 설한다.

모든 사업 가운데 설법이 수승하며, 능인왕 불사의 중심이다. 때문에 제자들을 해탈과 일체지의 경지에 올려놓는데, 이것은 오로지 설법에 의해 가능한 것이다. 죄장은 물에 의해 씻을 수 없지만, 오로지 경설에 의해서 가능하다. 설법의 불사에서 다른 모든 법문보다 심오한 연기 설법이 수승한 것은 해탈을 얻는 근본이 이 도리를 깨닫는 데 있기 때문이다. 모든 설법이 여기에 귀착된다는 사실을 앞서 지금까지 논증한 대로 알아야 한다.

결송

(을 5) 결론은, '본사를 좇아 출가하여' 등의 한 게송이다.

【본송 53】

본사를 좇아 출가하여
붓다의 설법을 수학하여 천하지 않네.
유가행에 정진하는 비구가 있다면
그 대선大仙에게 이처럼 귀경한다네.

주석

해설하면, 정리正理를 갖춘 본사 능인왕을 좇아 출가하고, 나아가 증상계학을 수학하고, 모든 붓다의 경전에 대해 문사수聞思修를 닦아 뒤쳐지지 않았고, 훌륭히 학습 끝에 모든 전적의 밀의를 밝혔다.

〔다음〕 공共과 불공不共의 증상정학과 혜학을 완성하고, 수습에 의한 체험으로 유가행을 닦는 비구는 동쪽 〔암도〕 출신의 쫑카빠 롭상 닥빠다. 무비無比의 대선大仙인 능인왕에 대해 앞서 말한 대로 수승한 공덕의 희유함을 깨닫고 마음 깊은 곳으로부터 귀경하는 것이다.

여기서 "계를 지키고, 문사수를 갖추어 수행에 전념하네"라고 한 것은 붓다의 가르침을 실천하는 전도되지 않은 차제를 보인 것이며, 스승께서 모든 곳으로부터 오셔서 거룩한 도로써 중생들을 인도하기를 발원하는 것이다.

주석의 마무리

과단

(갑 3) 셋째, 논서의 마지막 작업은 두 가지가 있다.

(을 1) 논서를 저술한 선행을 회향

(을 2) 이 선설에 다섯 원만을 갖추어 저술한 도리를 설함

(을 1) 첫째, 다섯 주제로 이루어져 있다.

(병 1) 유정들이 진실한 선지식을 보존하는 원인의 회향

(병 2) 가르침의 보물이 원인임을 알고, 신해를 얻은 자들이 대지를 채우길 기도함

(병 3) 지존 대사〔쫑카빠〕께서 모든 생애에 걸쳐 가르친 보배를 위해 육신과 목숨을 버려서라도 보존하고 게으름을 물리치는 원인이 되길 기대하는 회향

(병 4) 가르침을 펴는 원인으로서 회향

(병 5) 가르침을 보존하고 널리 폄에 있어 특별한 수호자들이 돕도록 발원하는 기도

(병 1) 다섯 주제 가운데 첫째, 유정들이 진실한 선지식을 보존하는 원인의 회향이다. 이것은 '위없는 스승의 가르침과' 등의 한 게송이다.

【본송 54】

위없는 스승의 가르침과
이처럼 만나는 것은 라마의 은혜이며
이 선행으로 남김 없는 중생들이
진실한 선지식을 섭수하는 근본이 되길 기도하네.

주석

해설하면, 무상의 스승인 능인왕의 모든 가르침과 특히 심오한 연기의 가르침을 이처럼 만나는 것은 스승의 은혜에 기인한 것이기 때문에, 삼세의 모든 선善과 논서를 저술한 선행善行에 의해 남김 없는 중생들이 도道의 근본인 진실한 스승을 섭수하는 계기가 되길 회향하는 것이다.

(병 2) 가르침의 보물이 원인임을 알고, 신해를 얻은 자들이 대지를 채우길 기도하는 것은, '이익을 주는 불사의 설법이 유정의 마지막까지' 등의 한 게송이다.

【본송 55】

이익의 가르침이 최후의 유정까지
저열한 견해의 바람에 흔들리지 않고
교설의 도리를 알고 스승에게
신해를 얻어 항상 충만케 하소서.

주석

해설하면, 유정에게 이익을 베푸는 능인왕의 가르침이 마지막 유정에 이를 때까지 삿된 주장의 저열한 분별의 바람에 의해 흔들리지 않도록 하며, 붓다의 법보로서 세간의 모든 고통을 물리치는 자성을 무구한 정리正理를 통해 통달하고, 본사 붓다에 귀의할 때 정리로써 신해를 얻는 지혜자가 온 땅에 항상 가득하길 기원하는 것이다.

(병 3) 셋째, 지존 대사〔쫑카빠〕께서 모든 생애에 걸쳐 가르친 보배를 위해 육신과 목숨을 버려서라도 보존하고 게으름을 물리치는 근본이 되길 기대하는 회향은, '연기의 진리를 밝힌' 등의 한 게송이다.

〔본송 56〕

연기의 진리를 밝힌
능인의 거룩한 도리를 모든 생을 걸쳐
육신과 목숨을 바쳐 지키도록
한 찰나라도 방만하지 않도록 하소서.

주석

해설하면, 연기의 진실성을 밝힌 능인왕의 거룩한 도리에 대해 저자 스스로 〔발원하길〕, 모든 생을 통해 육신과 목숨조차 아낌없이 포기하고, 강의, 논쟁, 저술 등 모든 것에 대해 분수에 맞게 지키고, 찰나라도 게으름에 좌우되어 나태하지 않도록 회향하는 것이다. 무변하고 위대한 보살의 기도는 정법수지의 기도 안에 담겨 있으니, 이 도리를 헤아리고 〔누구나〕 이처럼 기도해야 한다. 지존 일체지자는 다음의 게송을 설하셨다.

갠지즈강의 모래와 같은 보살의 서원은
정법을 수지하려는 원력에 모은 것으로
설법의 선근을 쌓은 모든 것

일체는 무니의 가르침을 홍포하려는 회향이네.

역주

본송에서 지존 쫑카빠 대사는 석가모니 붓다께서 가르친 연기의 진리를 지키려는 굳은 다짐을 밝힌다. 연기를 벗어난 도리는 불법이 아니다. 불교에서는 조사와 학승들이 주석을 남겨 경전을 잘못 이해하거나 그릇된 해석이나 이론을 펴는 오류를 가려냈는데, 그 판단기준은 언제나 연기법에 부합하는지 여부였다. 주석자는 게송에 대해 저자 쫑카빠께서 정법을 지켜 중생에게 회향하려는 보살의 서원이라 평가하였다.

(병 4) 넷째, 가르침을 펴는 근원으로서 회향은, '거룩한 대도사는 무량한 고행을 견디어' 등의 한 게송이다.

【본송 57】

거룩한 대도사는 무량한 고행을 견뎌
단호한 마음으로 성취하였네.
모든 방편을 펼칠 생각에
항상 골몰하여 밤낮이 지나게 하소서.

주석

해설하면, 수승한 대도사인 붓다 세존께서 유학의 단계에 있을 때, 머리를 잘리는 등 무량한 고통을 겪은 후 〔정각을〕 얻었다. 〔제 쫑카빠께서〕 단호한 마음으로 성취한 연기의 도리를 모든 방편으로 일체처에 펼치려는 원력에 전념하는 생각으로 모든 밤을 보낼 수 있도록 간청하는 기도이다.

역주

석존의 유학의 수행은, 석존께서 정각을 이루기 전 전생보살前生菩薩로서 수행할 때의 사례를 가리키는 것이다. 부파불교시대에 출현한 불전문학은 문학의 허구를 빌려 붓다 전생의 수행에 부파의 이론과 실천원리를 반영하였다.

(병 5) 다섯째, 가르침을 보존하고 널리 폄에 있어 특별한 수호자들이 돕도록 발원하는 기도는, '진실한 수승한 마음으로 이 도리를 구할 때' 등의 한 게송이다.

【본송 58】

진실한 수승한 마음으로 이 도리를 궁구할 때
범천, 제석, 호세와
대흑천 등의 호법들이
흔들림 없이 항상 지켜주소서!

주석

해설하면, 자신의 이익을 구하려는 번뇌에 더럽혀지지 않는 청정하며 고귀한 마음으로 붓다의 가르침을 수지하고 홍포하려는 목표에 정진할 때, 붓다 앞에서 불법을 수호하려 발원했던 범천과 천왕, 제석과, 세간을 지키는 열 분의 수호존과, 대흑천大黑天·구서법왕具誓法王·길상천녀吉祥天女 등 호법중이 한 찰나라도 흔들림 없도록 항상 수호해주길 구하는 기도이다.

역주

열 분의 수호존은 제석천帝釋天·야마천夜摩天·수천水天·야차藥叉·화천火天·나찰羅刹·풍천風天·부다部多·범천梵天·지모地母이다. 대흑천의 산스끄리뜨명은 '마하깔라(Mahakala)'로 위대한 시간이라는 뜻이다. 힌두교 시바신의 변현으로 시간과 파괴를 주재하는 신격이었으나 불교의 호법신으로 수용되어 관세음보살의 화신으로 간주되었다. 대흑천은 사원과 승려를 보호하고 장애를 물리치는 데 많은 변현이 있어 티벳과 몽골의 불교 신앙에서 크게 유행하였다. 구서법왕은 염라대왕을 가리키며 생사를 관장한다. 후기밀교에서는 야만따까라 하여 문수보살의 화신 가운데 하나로 등장한다. 야만따까는 '야마를 살해하는 자'라는 뜻으로, 문수보살의 지혜로써 생사를 벗어난다는 뜻이다. 길상천녀는 불교에서 복덕을 내리는 여존女尊으로 신앙되고 있다.

(을 2) 이 선설에 다섯 가지 원만을 갖추어 저술한 도리는, "세존 붓다께서 ~라고 설하셨다"라고 선설한 내용을 가리킨다.

주석

해설하면, '붓다께서 ~이라고 설하셨다'라고 한 것은 주석을 저술한 원칙을 밝힌 것으로 다음의 인용에 해당한다.

(정 1) 찬탄 경계의 원만은 붓다 세존께서 모든 세상에 일찍이 알려지지 않았던 고귀한 친구이자 무상의 스승이라는 것이다.

(정 2) 찬탄 방식의 원만은 심오한 연기를 설하는 문에 의해 찬탄한 것으로 이것은 『선설장론』에 해당한다.

(정 3) 작자 원만은 다문의 비구인 거룩한 〔쫑카빠〕 롭상닥빠를 가리킨다.

(정 4) 주처 원만은 히말라야 산들이 모인 주산으로 오데궁겔 옆 하숄의 적정처로 높은 고지대이다. 다른 이름으로는 '왕의 국토(존승주)'라고 한다.

(정 5) 기록의 원만은 '뙤장지역의 주인', '문수의 아들', '사미 로덴', '마찍왠뽀', '남카뻴' 등의 별명이 있다.

이와 같이 발원자의 주석 전체를 설하고 마친다.

후발문

말한다.

모든 불경의 핵심인 감로이자
연기 법성의 심오한 진리를
능인의 교의대로 주석한 것은
경지에 오른 용사 용수부자라네.

중관파의 전통을 떨친 탁월한 성인들은
붓다빨리따, 짠드라끼르띠, 샨띠데와이며
겔룩의 주석으로 불공不共의 심요를
원만히 밝힌 분은 롭상닥빠라네.

수호자는 제법자성의 공성에 대해
탈속의 수행은 가립뿐이라는 결론
극변極邊을 떠난 쌍운雙運의 도를 깨달은 것으로
세밀한 통찰력과 큰 고행으로,
심오한 논서를 저술했네.

대작인 논서의 도리를 다년간 연구해도
가난한 자가 부자의 보물을 세듯이
수행을 떠나 공허한 말만 지껄이니
피로 없이 정진하는 자들 진정 희유하여라.

논전과 대조할 때 여기저기 맞지 않고
결함 없는 논리로 살피고도 포기했으며
고을의 관리가 꾸짖고 벌을 주듯이
문장에 들인 노력은 더욱 희유하여라.

능인과 셀낀, 지존과 라마들
정수리에 모신 백부의 논전들
고행에 의지해 정리를 설하는 대사大師
도리를 설함에 변재는 드높기만 하네.

공들인 선업의 자량은 추월秋月의
순백같이 쌓아 모든 유정들이
심오한 진리를 깨달아 성취하여
언제나 불자들과 환희케 하소서.

시간이 다해도 무구한 능인의 가르침
사견의 더러움에 때 묻지 않고
진실한 마음의 염원 여법하게 펴서

구생의 유정고를 뿌리 뽑게 하소서.

작자는 금생 이후 일체의 생에
심오한 견해와 함께한 진언의 도를
몸과 생명을 돌보지 않고 간직해
찰나라도 버리지 않으려네.

고산의 봉우리와 사해의 바다
천의를 나부끼며 일체를 밝히는 불모佛母
태양과 달의 귀걸이를 드리울 때까지
논서의 선설도 널리 유통하게 하소서.

길상의 수호자, 서원의 법왕
군다리보살 등의 수호존들은
가르침의 보배들을 수호하고 홍포할 때
흩어짐 없는 영원한 친구가 되소서.

저자는 제2 법왕 롭상닥빠로 알려진 분으로, 백색의 당기를 티벳의 세 곳〔우창, 캄, 암도〕에 흩날렸다. 무비無比의 설주, 능인 법왕께서 설한 심오한 연기의 설법문으로 찬탄한 것이 『선설심요론善說心要論』이고, 그 주석이 『선설마니보고善說摩尼寶庫』인데, 우리들이 티벳에 도착했을 때 거룩한 따시고망사원의 최다(經院)에서 승려들이 모인 가운데 이 논서에 상세한 강의와 이론으로 꾸며 공양 올린 것이 이 책이 완성된 인연이 되었다.

수많은 논전의 이론들을 선설함에 있어 최고의 변재로 이름을 날린 것은 고망의 장로로 '최닥(좌주座主)'이라 이름한 분이며, 간덴 사원에서 현교와 밀교를 가르치는 법주로서 큰 지도자는 겐뒨푼촉의 제2대 화신으로, 이분들은 은으로 제작한 만다라를 카딱과 함께 공양 올렸고, 또한 많은 선지식들의 강력한 추천을 당시 받아들여 저작을 시작하게 되었다. 그러나 팔법八法이 난무하는 그물에 말려들어 저술에 미진한 부분 때문에 〔중단되었다가〕 다시 재개하여 마칠 수 있었다고 전한다.

문수보살이 인왕人王의 경계를 수용하신 분, 지고한 왕궁에서 하늘과 중생의 구호처인 황모파黃帽派의 교주로서 일체 종성과 모든 법륜의 편주遍主인 〔제7대 달라이라마〕 롭상껠상갸초로부터 친히 비교할 수 없는 자비에서 우러난 진실한 많은 간청이 있었다. 〔이 주석은〕 모든 현교와 밀교의 이론과 특히 용수부자의 문헌에 통달함에 못 미치는 것이 없는 석가의 비구, 예셰뗀빼된메, 다른 이름으로 짱캬뢸빼돌제가 완성하였고, 필사는 지혜로운 비구 쏘남푼촉이 하였다.

이로 인해 붓다의 모든 가르침, 특히 제2 대법왕인 롭상닥빠의 큰 보배의 가르침이 일체처에 전달되고 홍포되어 오래도록 세상에 머물지어다.

연기찬 본송

ན་མོ་གུ་རུ་མཉྫུ་གྷོ་ཥཱ་ཡ།
나모구루만주고샤야

스승 묘음에게 정례합니다.

【본송 1】

གང་ཞིག་གཟིགས་ཤིང་གསུངས་པ་ཡི།།
མཁྱེན་དང་སྟོན་པ་བླ་ན་མེད།།
རྒྱལ་བ་རྟེན་ཅིང་འབྲེལ་བར་འབྱུང་།།
གཟིགས་ཤིང་འདོམས་པ་དེ་ལ་འདུད།།

깨닫고 설하신 모든 법문은
무상의 지혜와 가르침이네.
승자께서 밝히신 연기
그 증득과 가르침에 정례 합니다.

【본송 2】

འཇིག་རྟེན་རྒུད་པ་ཇི་སྙེད་པ།།
དེ་ཡི་རྩ་བ་མ་རིག་སྟེ།།
གང་ཞིག་མཐོང་བས་དེ་ལྡོག་པ།།
རྟེན་ཅིང་འབྲེལ་བར་འབྱུང་བར་གསུངས།།

세간에 존재하는 모든 고통들
그 뿌리는 무명이네.
이것을 보고 물리치는 모든 것
연기라 설하네.

【본송 3】

དེ་ཚེ་བློ་དང་ལྡན་པ་ཡིས།།
རྟེན་ཅིང་འབྲེལ་པར་འབྱུང་བའི་ལམ།།
ཁྱོད་ཀྱི་བསྟན་པའི་གནད་ཉིད་དུ།།
ཇི་ལྟར་ཁོང་དུ་ཆུད་མི་འགྱུར།།

이때 안목이 있는 지자들
연기의 도가
붓다가 설한 가르침의 핵심이니
어찌 통달하지 않겠는가?

【본송 4】

དེ་ལྟ་ལགས་ན་མགོན་ཁྱོད་ལ།།
བསྟོད་པའི་སྒོར་ནི་སུ་ཞིག་གིས།།
བརྟེན་ནས་འབྱུང་བ་གསུངས་པ་ལས།།
ངོ་མཚར་གྱུར་པ་ཅི་ཞིག་རྙེད།།

구호자 붓다에 대해
누군가 찬탄의 문을 설하지만
연기의 설법보다
더 희유한 것은 없네.

【본송 5】

གང་གང་རྐྱེན་ལ་རག་ལས་པ།།
དེ་དེ་རང་བཞིན་གྱིས་སྟོང་ཞེས།།
གསུངས་པ་འདི་ལས་ཡ་མཚན་པའི།།
ལེགས་འདོམས་ཚུལ་ནི་ཅི་ཞིག་ཡོད།།

이러저러한 연에 의지해
이러저러한 자성은 공성이라네.
이 말보다 더 희유한
선설의 도리가 어디 있는가?

【본송 6】

གང་དུ་བཟུང་བས་བྱིས་པ་རྣམས།།
མཐར་འཛིན་འཆིང་བ་བརྟན་བྱེད་པ།།
དེ་ཉིད་མཁས་ལ་སྤྲོས་པ་ཡི།།
དྲ་བ་མ་ལུས་གཅོད་པའི་སྒོ།།

무엇엔가 고집하는 어리석은 이들
변집邊執으로 속박만 견고해지네.
여기에 지혜를 공고히 하는 것은
그물망을 남김없이 부수는 문이네.

【본송 7】

བསྟན་འདི་གཞན་དུ་མ་མཐོང་བས།།
སྟོན་པ་ཞེས་བྱ་ཁྱོད་ཉིད་དེ།།
ཕ་སྐྱེས་ལ་ནི་སེང་གེ་བཞིན།།
མུ་སྟེགས་ཅན་ལ་འདང་གཅམ་བུའི་ཚིག།

이 선설善說은 다른 곳에는 볼 수 없어
설하신 분은 붓다뿐이네.
여우가 사자를 만난 듯
외도들의 주장은 희론戱論뿐이네.

【본송 8】

ཨེ་མའོ་སྟོན་པ་ཨེ་མའོ་སྐྱབས།།
ཨེ་མའོ་སྨྲ་མཆོག་ཨེ་མའོ་མགོན།།
རྟེན་ཅིང་འབྲེལ་འབྱུང་ལེགས་གསུངས་པའི།།
སྟོན་པ་དེ་ལ་བདག་ཕྱག་འཚལ།།

희유하도다, 본사이시여, 희유하도다, 귀의할 분이시여!
희유하도다, 수승한 선설이시여!
희유하도다, 구호자시여!
연기를 선설하시는 붓다, 본사께 저는 경례합니다.

〔본송 9〕

ཕན་མཛད་ཁྱོད་ཀྱིས་འགྲོ་བ་ལ།།
སྨན་པའི་སླད་དུ་བཀའ་སྩལ་པ།།
བསྟན་པའི་སྙིང་པོ་སྟོང་པ་ཉིད།།
ངེས་པའི་རྒྱུ་མཚན་ཟླ་མེད་པ།།

요익자 붓다는 중생의
치유를 위해 법을 설하네.
가르침의 핵심은 공성이며
요의의 논리는 비할 바 없네.

〔본송 10〕

རྟེན་ཅིང་འབྲེལ་བར་འབྱུང་བའི་ཚུལ།།
འགལ་བ་དང་ནི་མ་གྲུབ་པར།།
མཐོང་བ་འདི་ཡིས་ཁྱོད་ཀྱི་ལུགས།།
ཇི་ལྟར་ཁོང་དུ་ཆུད་པར་ནུས།།

연기의 도리에
어긋난 이론들 합당치 않나니
깨달음만이 붓다의 진리
어찌 알 수 있을까?

【본송 11】

ཁྱོད་ནི་ནམ་ཞིག་སྟོང་པ་ཉིད།།
རྟེན་འབྱུང་དོན་དུ་མཐོང་བ་ན།།
རང་བཞིན་གྱིས་ནི་སྟོང་པ་དང་།།
བྱ་བྱེད་འཐད་པ་འང་མི་འགལ་ཞིང་།།

그대가 만약 공성을
연기의 의미로 파악한다면
자성의 공성이
작용을 용납해도 틀린 것 없네.

【본송 12】

དེ་ལས་ལྡོག་པར་མཐོང་བ་ན།།
སྟོང་ལ་བྱ་བ་མི་རུང་ཞིང་།།
བྱ་དང་བཅས་ལ་སྟོང་མེད་པས།།
ཉམ་ངའི་གཡང་དུ་ལྷུང་བར་བཞེད།།

〔연기를〕 반대하는 견해들은
공성의 작용을 인정하지 않으며
작용은 공성을 세울 수 없다 주장하기에
고통의 수렁에 떨어진다 말하네.

〖본송 13〗

དེ་ཕྱིར་ཁྱོད་ཀྱི་བསྟན་པ་ལ།།
རྟེན་འབྱུང་མཐོང་བ་ལེགས་པར་བསྔགས།།
དེ་ཡང་ཀུན་ཏུ་མེད་པ་དང་།།
རང་བཞིན་གྱི་ནི་ཡོད་པས་མིན།།

때문에 붓다의 가르침에서
연기의 견해를 높이 찬탄하네.
또한 일체의 허무나
자성도 존재치 않네.

〖본송 14〗

ལྟོས་མེད་ནམ་མཁའི་མེ་ཏོག་བཞིན།།
དེས་ན་མ་བརྟེན་ཡོད་མ་ཡིན།།
ངོ་བོས་གྲུབ་ན་དེ་འགྲུབ་པ།།
རྒྱུ་དང་རྐྱེན་ལ་ལྟོས་པ་འགལ།།

의지함이 없음은 허공의 꽃과 같기에
의지처가 없다는 것도 성립치 않네.
성품이 있어 이로부터 성립한다 해도
인과 연에 의지하는 진리에 어긋나게 되네.

〔본송 15〕

དེ་ཕྱིར་བརྟེན་ནས་འབྱུང་བ་ལས།།
མ་གཏོགས་ཆོས་འགའ་ཡོད་མིན་པས།།
རང་བཞིན་གྱིས་ནི་སྟོང་པ་ལས།།
མ་གཏོགས་ཆོས་འགའ་མེད་པར་གསུངས།།

때문에 연기에 포함되지 않는 법
어디에도 없네.
자성의 공성에 포함되지 않는 법
어디에도 없다 하네.

〔본송 16〕

རང་བཞིན་ལྡོག་པ་མེད་པའི་ཕྱིར།།
ཆོས་རྣམས་རང་བཞིན་འགའ་ཡོད་ན།།
མྱ་ངན་འདས་པ་མི་རུང་ཞིང་།།
སྤྲོས་ཀུན་ལྡོག་པ་མེད་པར་གསུངས།།

〔실유의〕 자성이 소멸하지 않고
제법의 자성이 약간이라도 존재한다면,
열반은 합당하지 않으며
희론의 소멸도 없다 말하네.

【본송 17】

དེ་ཕྱིར་རང་བཞིན་རྣམ་བྲལ་ཞེས།།
སེང་གེའི་སྒྲ་ཡིས་ཡང་ཡང་དུ།།
མཁས་པའི་ཚོགས་སུ་ལེགས་གསུང་པ།།
འདི་ལ་སུ་ཡིས་དགོངས་པར་ནུས།།

때문에 자성을 버리라고
사자후로 두고두고 하신 말씀
지자智者들 가운데 선설하셨으니
여기에 누가 따질 자 있겠는가?

【본송 18】

རང་བཞིན་འགའ་ཡང་མེད་པ་དང་།།
འདི་ལ་བརྟེན་ནས་འདི་འབྱུང་བའི།།
རྣམ་གཞག་ཐམས་ཅད་འཐད་པ་གཉིས།།
མི་འགལ་འདུ་བ་སྨོས་ཅི་དགོས།།

자성은 어디에도 존재하지 않으며
이것에 의지해 이것이 생길 뿐이네.
모든 정의는 두 구절로 귀착되니
어긋남이 없다고 말해 무엇하리.

【본송 19】

བརྟེན་ནས་འབྱུང་བའི་རྒྱུ་མཚན་གྱིས།།
མཐར་ལྟ་བ་ལ་མི་བརྟེན་ཞེས།།
ལེགས་གསུངས་འདི་ནི་མགོན་ཁྱོད་ཀྱི།།
སྨྲ་བ་བླ་ན་མེད་པའི་རྒྱུ།།

연기의 본질은
변집에 의지하지 않는 법문이라네.
이 선설은 수호자 붓다의
무상無上 설법의 근본이라네.

【본송 20】

འདི་ཀུན་ངོ་བོས་སྟོང་པ་དང་།།
འདི་ལས་འདི་འབྲས་འབྱུང་བ་ཡི།།
ངེས་པ་གཉིས་པོ་ཕན་ཚུན་དུ།།
གེགས་མེད་པར་ནི་གྲོགས་བྱེད་པ།།

일체의 본성은 공성이며
이로부터 이 과果가 생기네.
두 결정은 상호
걸림 없는 동반자가 되네.

【본송 21】

འདི་ལས་ངོ་མཚར་གྱུར་པ་དང་།།
འདི་ལས་རྨད་དུ་བྱུང་བ་གང་།།
ཚུལ་འདིས་ཁྱོད་ལ་བསྟོད་ན་ནི།།
བསྟོད་པར་འགྱུར་གྱི་གཞན་དུ་མིན།།

이보다 더 기이한 것과
이보다 더 희유한 모든 것
이 도리로써 붓다를 찬탄하나니
이 찬탄에 다른 것은 없네.

【본송 22】

རྨོངས་པས་བྲན་དུ་བཟུང་བ་ཡིས།།
གང་ཞིག་ཁྱོད་དང་ཞེ་འགྲས་པ།།
དེ་ཡིས་རང་བཞིན་མེད་པའི་སྒྲ།།
མི་བཟོད་གྱུར་ལ་མཚར་ཅི་ཡོད།།

어리석음에 노예로 사로잡혀
붓다와 원수가 되네.
무자성이라는 말
이해치 못하나니, 괴이할 것 없네.

【본송 23】

ཁྱོད་ཀྱི་གསུང་གི་གཅེས་པའི་མཛོད།།
རྟེན་ནས་འབྱུང་བ་ཁས་བླངས་ནས།།
སྟོང་ཉིད་ང་རོ་མི་བཟོད་པ།།
འདི་ལ་ཁོ་བོ་ངོ་མཚར་གྱུར།།

붓다의 선설에 담긴 보물
연기를 받아들였지만
공성의 사자후를 감당 못하니
나는 이것을 기묘하다 하네.

【본송 24】

རང་བཞིན་མེད་ལ་བཀྲི་བའི་སྒོ།།
བླ་མེད་རྟེན་ཅིང་འབྲེལ་འབྱུང་གི།
མིང་ཉིད་ཀྱི་ནི་རང་བཞིན་དུ།།
འཛིན་ན་ད་ཀོ་སྐྱེ་བོ་འདི།།

무자성으로 인도하는 문은
최고의 연기설이네.
이름을 세우는 것도 자성이어서
고집하는 자 여기 이 사람이네.

【본송 25】

འཕགས་མཆོག་རྣམས་ཀྱིས་ལེགས་བགྲོད་པའི།།
འཇུག་ངོགས་བླ་དང་བྲལ་གྱུར་པ།།
ཁྱོད་དགྱེས་གྱུར་བའི་ལམ་བཟང་དེར།།
ཐབས་གང་གི་ནི་བཀྲི་བར་བྱ།།

수승한 성인들의 진실한 인도는
짝할 수 없는 수행문이니
그대를 환희케 할 거룩한 도를
어떤 방편으로 이끌까?

【본송 26】

རང་བཞིན་བཅོས་མིན་ལྟོས་མེད་དང་།།
རྟེན་འབྲེལ་ལྟོས་དང་བཅོས་མ་གཉིས།།
ཇི་ལྟ་བུར་ན་གཞི་གཅིག་ལ།།
མི་འགལ་འདུ་བ་ཉིད་དུ་འགྱུར།།

자성은 조작이나 의지처가 없지만
연기는 의지처와 조작 두 가지가 있다 하네.
어찌하면 한 사건에
거스름 없이 공존할 수 있을까?

【본송 27】

དེ་ཕྱིར་བརྟེན་ནས་འབྱུང་བ་གང་།།
རང་བཞིན་གྱིས་ནི་གདོད་མ་ནས།།
རྣམ་པར་དབེན་ཡང་དེར་སྣང་བས།།
འདི་ཀུན་སྒྱུ་མ་བཞིན་དུ་གསུངས།།

때문에 연기는 무엇에도
자성을 주장하지 않지만
적정이면서 환하게 드러나니
이 모든 것을 환幻과 같다 말하네.

【본송 28】

ཁྱོད་ཀྱིས་ཇི་ལྟར་བསྟན་པ་ལ།།
རྒོལ་བ་འགས་ཀྱང་ཆོས་མཐུན་དུ།།
གླགས་མི་རྙེད་པར་གསུངས་པ་ཡང་།།
འདི་ཉིད་ཀྱིས་ནི་ལེགས་པར་འཁྲུམས།།

붓다의 여실한 가르침
대적할 자 없고 법에 부합해
빈틈없는 설법이면서
이것만으로 견해를 얻네.

【본송 29】

ཅི་སྐད་ཅེ་ན་འདི་བཤད་པས།།
མཐོང་དང་མ་མཐོང་དངོས་པོ་ལ།།
སྒྲོ་འདོགས་པ་དང་སྐུར་འདེབས་ཀྱི།།
གོ་སྐབས་རིང་དུ་མཛད་ཕྱིར་རོ།།

왜, 이 도리를 설하는가?
보이건 안 보이건 모든 사물에
증익增益과 손감損減, 비난의
모든 과실을 떨치기 위함이네.

【본송 30】

ཁྱོད་ཀྱི་སྨྲ་བ་ཟླ་མེད་པར།།
མཐོང་བའི་རྒྱུ་མཚན་རྟེན་འབྱུང་གི།
ལམ་འདི་ཉིད་ཀྱིས་གསུང་གཞན་ཡང་།།
ཚད་མར་གྱུར་པར་ངེས་པ་སྐྱེ།།

붓다의 비할 바 없는 선설
통달하는 근본은 연기이니
이 도道를 달리 표현해도
양量으로 추론해 정해正解를 내네.

【본송 31】

དོན་བཞིན་གཟིགས་ནས་ལེགས་གསུངས་པ།།
ཁྱོད་ཀྱི་རྗེས་སུ་སློབ་པ་ལ།།
རྒུད་པ་ཐམས་ཅད་རིང་དུ་གྱུར།།
ཉེས་ཀུན་རྩ་བ་ལྡོག་ཕྱིར་རོ།།

여실하게 깨닫고, 선설하신
붓다를 좇아 공부할 때
모든 타락을 멀리하고
모든 잘못의 뿌리를 물리친다네.

【본송 32】

ཁྱོད་ཀྱི་བསྟན་ལས་ཕྱིར་ཕྱོགས་པས།།
ཡུན་རིང་ངལ་བ་བསྟེན་བྱས་ཀྱང་།།
ཕྱི་ཕྱིར་སྐྱོན་རྣམས་བོས་པ་བཞིན།།
བདག་ཏུ་ལྟ་བ་བརྟན་ཕྱིར་རོ།།

붓다의 가르침에 등을 돌리면
오래도록 고행에 의지한다 해도
갈수록 과실들만 쌓일 뿐
아견我見만 견고해지네.

【본송 33】

ཨེ་མའོ་མཁས་པས་འདི་གཉིས་ཀྱི།།
ཁྱད་པར་ཁོང་དུ་ཆུད་གྱུར་པ།།
དེ་ཚེ་རྐང་གི་ཁོང་ནས་ནི།།
ཁྱོད་ལ་ཅི་ཕྱིར་གུས་མི་འགྱུར།།

에마오!
지자들이 두 이치를
차이를 구별해 통달한다면
이때 깊은 골수로부터
어찌 붓다께 귀의치 않으리.

【본송 34】

ཁྱོད་གསུང་དུ་མ་ཅི་ཞིག་སྨོས།།
ཆ་ཤས་རེ་ཡི་དོན་ཙམ་ལའང་།།
འོལ་སྤྱི་ཙམ་གྱི་ངེས་རྙེད་པ།།
དེ་ལའང་མཆོག་གི་བདེ་བ་སྩེར།།

당신이 선설하신 많은 법문
일부의 의미만이라도
대강만이라도 정해定解를 낸다면
이것에도 수승한 안락을 얻네.

【본송 35】

ཀྱེ་ཧུད་བདག་བློ་རྨོངས་པས་བཅོམ།།
འདི་འདྲའི་ཡོན་ཏན་ཕུང་པོ་ལ།།
རིང་ནས་སྐྱབས་སུ་སོང་གྱུར་ཀྱང་།།
ཡོན་ཏན་ཆ་ཙམ་མ་འཚལ་ཏོ།།

계훠! 내 생각 몽매에 덮여
이 같은 공덕의 더미에
오래도록 귀의했건만
공덕의 일부도 얻지 못했네.

【본송 36】

འོན་ཀྱང་འཆི་བདག་ཁར་ཕྱོགས་པའི།།
སྲོག་གི་རྒྱུན་ནི་མ་ནུབ་པར།།
ཁྱོད་ལ་ཅུང་ཟད་ཡིད་ཆེས་པ།།
དེ་ཡང་སྐལ་བ་བཟང་སྙམ་བགྱིད།།

그러나 염라閻邏가 입에 도착할 때
생명의 상속이 끊기기 전
붓다에게 약간 신심을 내는 것
이것만도 선근이라 생각하네.

【본송 37】

སྟོན་པའི་ནང་ན་རྟེན་འབྲེལ་སྟོན་པ་དང་།།
ཤེས་རབ་ནང་ན་རྟེན་འབྲེལ་ཤེས་པ་གཉིས།།
འཇིག་རྟེན་དག་ན་རྒྱལ་བའི་དབང་པོ་བཞིན།།
ཕུལ་བྱུང་ལེགས་པར་ཁྱོད་མཁྱེན་གཞན་གྱིས་མིན།།

교설 가운데 연기의 가르침과
지혜 가운데 연기의 지혜 두 가지는
세간의 왕과 같아
붓다만이 알 뿐 다른 이는 아니네.

【본송 38】

ཁྱོད་ཀྱིས་ཇི་སྙེད་བཀའ་སྩལ་བ།།
རྟེན་འབྲེལ་ཉིད་ལས་བརྩམས་ཏེ་འཇུག།
དེ་ཡང་མྱ་ངན་འདའ་ཕྱིར་ཏེ།།
ཞི་འགྱུར་མིན་མཛད་ཁྱོད་ལ་མེད།།

붓다의 모든 선설
연기성에 속하네.
또한 열반에 이끄니
적정 아닌 것, 붓다에게 없다네.

【본송 39】

ཀྱེ་མའོ་ཁྱོད་ཀྱི་བསྟན་པ་ནི།།
གང་གི་རྩ་བའི་ལམ་སོང་བ།།
དེ་དག་ཐམས་ཅད་ཞི་འགྱུར་ཕྱིར།།
ཁྱོད་བསྟན་འཛིན་པར་སུ་མི་གུས།།

위대하도다, 붓다의 선설로서
귓바퀴를 스친 것
이 일체는 적정을 얻기 위함이니
불설을 수지하는 자, 누가 공경치 않으리.

【본송 40】

ཕས་རྐོལ་མཐའ་དག་འཛོམས་པ་དང་།།
སྔག་འོག་འགལ་འདུས་སྤོང་པ་དང་།།
སྐྱེ་རྒུའི་དོན་གིས་སྐྱེར་བྱེད་པ།།
ལུགས་འདིར་ཁོ་བོ་སྤྲོ་བ་འཕེལ།།

모든 원적을 항복 받고
전후 모순들을 비우고
구류九類의 중생에게 이익을 베푸니
이 도리에 나의 즐거움은 늘어만 가네.

【본송 41】

འདི་ཡི་ཕྱིར་དུ་ཁྱོད་ཀྱིས་ནི།།
ལ་ལར་སྐུ་དང་གཞན་དུ་སྲོག།
སྡུག་པའི་གཉེན་དང་ལོངས་སྤྱོད་ཚོགས།།
གྲངས་མེད་བསྐལ་པར་ཡང་ཡང་བཏང་།།

법을 구하기 위해 붓다는
어느 때는 몸을, 어느 때는 목숨을
사랑하는 친지와 향락 등을
무량겁 동안 버리고 또 버렸네.

【본송 42】

གང་གི་ཡོན་ཏན་མཐོང་བ་ཡིས།།
ལྕགས་ཀྱུས་ཉ་ལ་ཇི་བཞིན་དུ།།
ཉིད་ཀྱི་ཐུགས་དྲངས་ཆོས་དེ་ནི།།
ཁྱོད་ལས་མ་ཐོས་སྐལ་བ་ཞན།།

연기의 공덕을 보는 것은
갈고리로 고기를 낚는 것 같아
그대의 마음을 인도하는 법을
스승에게 듣지 않으면 불운한 것.

【본송 43】

དེ་ཡི་མྱ་ངན་ཤུགས་ཀྱིས་ནི།།
སྡུག་པའི་བུ་ལ་མ་ཡི་ཡིད།།
རྗེས་སུ་སོང་བ་ཇི་བཞིན་དུ།།
བདག་གི་ཡིད་ནི་གཏོང་མི་བྱེད།།

유정이 받는 고통의 힘은
아끼는 자식 보는 어머니의 마음 같아
그 마음 씀씀이처럼
나의 뜻도 포기하지 않으려네.

【본송 44】

འདི་ལའང་ཁྱོད་གསུང་བསམས་པ་ན།།
མཚན་དཔེའི་དཔལ་གྱིས་རབ་ཏུ་འབར།།
འོད་ཀྱི་དྲ་བས་ཡོངས་བསྐོར་བའི།།
སྟོན་པ་དེ་ཡི་ཚངས་དབྱངས་ཀྱིས།།

이때 불설을 생각하면
상호는 길상을 발하고
광배는 불신을 두르며
붓다는 범음을 펴네.

〖본송 45〗

འདི་ནི་འདི་ལྟར་གསུངས་སྙམ་དུ།།
ཡིད་ལ་ཐུབ་པའི་གཟུགས་བརྙན་ནི།།
ཤར་བ་ཙམ་ཡང་ཚ་བ་ཡིས།།
གདུངས་ལ་ཟླ་ཟེར་བཞིན་དུ་སྨིན།།

이것은 이렇다 설법을 사유하고
마음에 무니의 상호가 떠오르면
떠오른 것만으로 열뇌의 고통이
〔차가운〕 달처럼 식는다네.

〖본송 46〗

དེ་ལྟར་རྨད་དུ་བྱུང་བ་ཡི།།
ལུགས་བཟང་དེ་ཡང་མི་མཁས་པའི།།
སྐྱེ་བོས་བལ་བ་ཛ་བཞིན་དུ།།
རྣམ་པ་ཀུན་དུ་འཛིངས་པར་བྱས།།

이처럼 희유하며
거룩한 도리에 무지한
중생들은 토사초와 같아
이것저것을 두고 싸우는구나.

【본송 47】

ཚུལ་འདི་མཐོང་ནས་བདག་གིས་ནི།།
འབད་པ་དུ་མས་མཁས་པ་ཡི།།
རྗེས་སུ་འབྲངས་ནས་ཁྱོད་ཀྱི་ནི།།
དགོངས་པ་ཡང་དང་ཡང་དུ་བཙལ།།

나는 이 도리를 보고서
수없이 노력하였고 지혜자를 좇아
붓다의 밀의를
수없이 탐구했네.

【본송 48】

དེ་ཚེ་རང་གཞན་སྡེ་པ་ཡི།།
གཞུང་མང་དག་ལ་སྦྱངས་པ་ན།།
ཕྱི་ཕྱིར་ཐེ་ཚོམ་དྲ་བ་ཡིས།།
བདག་གི་ཡིད་ནི་ཀུན་དུ་གདུངས།།

이때 자신과 다른 학파에 대해
많은 전적들을 연구하면
갈수록 의심의 그물에 의해
나의 마음은 두루 번민하게 되네.

【본송 49】

ཁྱོད་ཀྱི་བླ་མེད་ཐེག་པའི་ཚུལ།།
ཡོད་དང་མེད་པའི་མཐའ་སྤངས་ཏེ།།
ཇི་བཞིན་འགྲེལ་བར་ལུང་བསྟན་པ།།
ཀླུ་སྒྲུབ་གཞུང་ལུགས་ཀུན་དའི་ཚལ།།

붓다의 무상승無上乘의 도리는
유有와 무無의 극변을 물리치고
진실한 주석에서 교의를 드러내니
나가르주나의 재스민 같은 논전에서 구하네.

【본송 50】

དྲི་མེད་མཁྱེན་པའི་དཀྱིལ་འཁོར་རྒྱས།།
གསུང་རབ་མཁའ་ལ་ཐོགས་མེད་རྒྱུ།།
མཐར་འཛིན་སྙིང་གི་མུན་པ་སེལ།།
ལོག་སྨྲའི་རྒྱུ་སྐར་ཟིལ་གནོན་པ།།

무구한 지자의 바퀴를 굴리시니
경설은 허공 같아 걸림 없는 원천이며
극변에 집착하는 무명을 밝혀
별과 같은 삿된 주장을 물리치네.

【본송 51】

དཔལ་ལྡན་ཟླ་བའི་ལེགས་བཤད་ཀྱི།།
འོད་དཀར་འཕྲེང་བས་གསལ་བྱས་པ།།
བླ་མའི་དྲིན་གྱིས་མཐོང་བའི་ཚེ།།
བདག་གི་ཡིད་ཀྱིས་ངལ་གསོ་ཐོབ།།

길상 짠드라끼르띠의 선설인
백색광명의 다발에서 밝혀지네.
스승의 자비에 의해 실견實見했을 때
나의 마음은 휴식을 얻었다네.

【본송 52】

མཛད་པ་ཀུན་ལས་གསུང་གི་ནི།།
མཛད་པ་མཆོག་ཡིན་དེ་ཡང་ནི།།
འདི་ཉིད་ཡིན་ཕྱིར་མཁས་པ་ཡིས།།
འདི་ལས་སངས་རྒྱས་རྗེ་སུ་དྲན་པར་བྱོས།།

모든 불사佛事 가운데 설법이
수승한 사업이며, 또한
여실성을 담기에 지자들은
이에 의지해 붓다를 수념隨念하네.

【본송 53】

སྟོན་དེའི་རྗེས་སུ་རབ་ཏུ་བྱུང་གྱུར་ཏེ།།
རྒྱལ་བའི་གསུང་ལ་སྦྱངས་པ་མི་དམན་ཞིང་།།
རྣལ་འབྱོར་སྤྱོད་ལ་བརྩོན་པའི་དགེ་སློང་ཞིག།
དྲང་སྲོང་ཆེན་པོ་དེ་ལ་དེ་ལྟར་གུས།།

본사를 좇아 출가하여
붓다의 설법을 수학하여 천하지 않네.
유가행에 정진하는 비구가 있다면
그 대선大仙에게 이처럼 귀경한다네.

【본송 54】

སྟོན་པ་བླ་ན་མེད་པའི་བསྟན་པ་དང་།།
མཇལ་བ་འདི་འདྲ་བླ་མའི་དྲིན་ཡིན་པས།།
དགེ་བ་འདི་ཡང་འགྲོ་བ་མ་ལུས་པ།།
བཤེས་གཉེན་དམ་པས་འཛིན་པའི་རྒྱུ་རུ་བསྔོ།།

위없는 스승의 가르침과
이처럼 만나는 것은 라마의 은혜이며
이 선행으로 남김 없는 중생들이
진실한 선지식을 섭수하는 근본이 되길 기도하네.

【본송 55】

ཕན་མཛད་དེ་ཡི་བསྟན་པའང་སྲིད་པའི་མཐར།།
ངན་རྟོག་རླུང་གིས་རྣམ་པར་མི་གཡོ་ཞིང་།།
བསྟན་པའི་ངང་ཚུལ་ཤེས་ནས་སྟོན་པ་ལ།།
ཡིད་ཆེས་རྙེད་པས་རྟག་ཏུ་གང་བར་ཤོག།

이익의 가르침이 최후의 유정까지
저열한 견해의 바람에 흔들리지 않고
교설의 도리를 알고 스승에게
신해를 얻어 항상 충만케 하소서.

【본송 56】

བརྟེན་ནས་འབྱུང་བའི་དེ་ཉིད་གསལ་མཛད་པ།།
ཐུབ་པའི་ལུགས་བཟང་སྐྱེ་བ་ཐམས་ཅད་དུ།།
ལུས་དང་སྲོག་ཀྱང་བཏང་ནས་འཛིན་པ་ལ།།
སྐད་ཅིག་ཙམ་ཡང་ལྷོད་པར་མ་གྱུར་ཅིག།

연기의 진리를 밝힌
능인의 거룩한 도리를 모든 생을 걸쳐
육신과 목숨을 바쳐 지키도록
한 찰나라도 방만하지 않도록 하소서.

【본송 57】

འདྲེན་པ་མཆོག་དེས་དཀའ་བ་དཔག་མེད་ཀྱིས།།
ནན་ཏན་སྙིང་པོར་མཛད་ནས་བསྒྲུབ་པ་འདི།།
ཐབས་གང་ཞིག་གིས་འཕེལ་བར་འགྱུར་སྙམ་པའི།།
རྣམ་པར་དཔྱོད་པས་ཉིན་མཚན་འདའ་བར་ཤོག།

거룩한 대도사는 무량한 고행을 견뎌
단호한 마음으로 성취하였네.
모든 방편을 펼칠 생각에
항상 골몰하여 밤낮이 지나게 하소서.

【본송 58】

ལྷག་བསམ་དག་པས་ཚུལ་དེར་བརྩོན་པ་ན།།
ཚངས་དང་དབང་པོ་འཇིག་རྟེན་སྐྱོང་བ་དང་།།
ལེགས་ལྡན་ནག་པོ་ལ་སོགས་སྲུང་མས་ཀྱང་།།
གཡེལ་བ་མེད་པར་རྟག་ཏུ་གྲོགས་བྱེད་ཤོག།

진실한 수승한 마음으로 이 도리를 궁구할 때
범천, 제석, 호세와
대흑천 등의 호법들이
흔들림 없이 항상 지켜주소서!

과단

(갑 1) 예찬

(을 1) 예찬문

(을 2) 「연기찬」에 대한 예찬

(갑 2) 본문

(을 1) 연기의 설법 방식에 따라 찬의 이유를 설함

(병 1) 연기는 윤회의 근본을 끊기 위해 설함

(병 2) 심오한 연기를 설하는 것이 핵심임

(병 3) 연기문에 의한 찬탄의 수승함

(을 2) 붓다만이 해탈을 구함에 거짓 없이 성취할 수 있음

(병 1) 〔세존이 설한 가르침에는 과오가 없음을 증명〕 이것은 둘로 나눈다

(정 1) 첫째, 공성을 설한 경설에 과오가 없음을 증명

(무 1) 자성의 공성을 연기의 의미로 설한 도리

(기 1) 요약해 설함

(경 1) 공성을 연기의 의미로 설한 도리

(경 2) 연기를 근거로 자성의 성립과 불성립의 견해에 의해 속박과 해탈이 이루어짐을 설함

(경 3) 붓다가 다른 스승들보다 수승함

(기 2) 상세히 설함

(무 2) 이를 인정하지 않는 자에 대한 논파를 설함
(기 1) 연기를 자성 성립의 주장으로 보는 견해를 비판함
(기 2) 연기를 인정하지만 논쟁에서 이기는 것만을 즐기고, 조금도 인도하려는 방편이 없음을 비판함
(기 3) 〔연기를〕 인정하지만 자상의 주장으로 중관의 도리에 어긋남
(무 3) 공성 연기의 의미를 설함으로써 증익이나 손감의 견해를 물리치는 도리
(정 2) 둘째, 이 비유에 있어 다른 경설에도 과오가 없음을 증명
(병 2) 가르침 가운데 붓다가 해탈을 구함에 거짓이 없음을 증명함
(정 1) 외도와 불교의 스승의 차이를 설함
(정 2) 차이를 알고 난 후 오직 붓다에 귀의하는 것이 합당함
(정 3) 높은 스승들도 이유를 알고 나서, 무니에게 귀의할 것을 가르침
(정 4) 교설과 스승에 대해 양에 의한 논증을 요약함

(을 3) 붓다의 가르침만이 해탈문임을 보임

(을 4) 붓다의 은혜를 기억해야 하는 도리
(병 1) 저자가 붓다를 기억하는 도리
(정 1) 능인왕이 수행할 때 법을 구하기 위해 고행한 것을 기억하는 도리
(정 2) 불법을 능인왕으로부터 청문할 때 그것이 희유함을 기억하는 도리
(정 3) 심오한 연기의 의미를 설하는 도리를 기억함으로써 마음의 환희를 일으키는 도리
(병 2) 다른 제자들에게 붓다를 기억하는 도리를 해설
(정 1) 심오한 연기의 이치를 구하는 도리
(무 1) 티벳에 유행하는 논전을 믿지 말고, 인도의 지자들을 따를 필요가 있다는 가르침

(기 1) 과거 티벳의 설법 방식에 의지하는 것은 적절치 않음

(기 2) 반드시 인도의 논사들을 따를 것

(무 2) 빤디따의 교수법도 여러 가지 많은 것들이 있음

(무 3) 심오한 주석으로 용수부자의 이론을 가르침

(무 4) 우리 학파 선지식 스승들에 의지할 필요가 있다는 가르침

(정 2) 연기의 도리를 구한 다음 붓다를 수념하는 가르침 본문

(을 5) 맺는말

(갑 3) 회향

(을 1) 논서를 저술한 선행을 회향

(병 1) 유정들이 진실한 선지식을 보존하는 원인의 회향

(병 2) 가르침의 보물이 원인임을 알고, 신해를 얻은 자들이 대지를 채우길 기도함

(병 3) 지존 대사 〔쫑카빠〕께서 모든 생애를 거쳐 가르친 보배를 위해 육신과 목숨을 버려서라도 보존하고 게으름을 물리치는 원인이 되길 기대하는 회향

(병 4) 가르침을 펴는 원인으로서 회향

(병 5) 가르침을 보존하고 널리 폄에 있어 특별한 수호자들이 돕도록 발원하는 기도

(을 2) 이 선설에 다섯 원만을 갖추어 저술한 도리를 설함

참고문헌

경전부

경명	목록	번호
『근본설일체유부계경』	Toh. No.	2
『십만송반야경』	Toh. No.	8
『만팔천송반야경』	Toh. No.	9
『팔천송반야경』	Toh. No.	12
『불설불모보덕장반야경』	Toh. No.	13
『금강경』	Toh. No.	16
『화엄경』	Toh. No.	44
『대보적경』「불설입태장회」제14	Toh. No.	57
『대보적경』「불위아난설처태회」제13	Toh. No.	58
『대보적경』「보살견실회」	Toh. No.	60
『대보적경』「유가장자회」제13	Toh. No.	63
『대보적경』「선비보살회』	Toh. No.	70
『입능가경』	Toh. No.	94
『방광대장엄경』	Toh. No.	95
『정려비결경』	Toh. No.	103
『해심밀경』	Toh. No.	106
『입능가경』	Toh. No.	107

『열반경』	Toh. No.	119
『대집대허공장보살소문경』	Toh. No.	148
『무열뇌청문경』	Toh. No.	156
『성자불입일체법경』	Toh. No.	180
『도간경』	Toh. No.	210
『연기경』	Toh. No.	211
『대법고경』	Toh. No.	222
『정법념처경』	Toh. No.	287
『정상합이라 이름하는 대딴뜨라왕』	Toh. No.	338
『최승본초불소현딴뜨라왕길상시륜』	Toh. No.	362
『금강다타라 이름하는 상딴뜨라』	Toh. No.	371
『길상다카의 바다인 유가모 딴뜨라 대왕』	Toh. No.	372
『길상 승낙이라 이름하는 딴뜨라 대왕』	Toh. No.	372
『길상 대력딴뜨라왕』	Toh. No.	391
『헤바즈라딴뜨라』	Toh. No.	417
『밀의해석딴뜨라』	Toh. No.	444
『금강만딴뜨라』	Toh. No.	445
『성금강수관정대딴뜨라』	Toh. No.	496
『연기경』	Toh. No.	520
『문수사리근본의궤경』	Toh. No.	543
『일만이천송대운경』	Toh. No.	657
『비밀집회딴뜨라』	Toh. No.	747
『다라니자재왕청문경』; 『보적경』「입태장회」 14	Toh. No.	57
『대일경』	Toh. No.	494

『도행반야경道行般若經』	Toh. No.	12
『대법고경』	Toh. No.	222
『수호국계주다라니경』	Toh. No.	147
『삼매왕경』	Toh. No.	127

논소 및 문집

논서 및 저술	목록	번호
데제닥뽀, 『수승찬』	Toh. No.	1109
짠드라끼르띠*밀교아사리, 『등작명』	Toh. No.	1785
나가르주나, 『성취법약집』	Toh. No.	1796
니가르주니, 『오차제』	Toh. No.	1800
데바, 『행합집등』	Toh. No.	1803
데바*밀교아사리, 『행합집등』	Toh. No.	1803
루이로, 『비밀집회성취법안립차제』	Toh. No.	1809
갸나빠다, 『해탈명점』	Toh. No.	1859
붓다구히야, 『딴뜨라의입』	Toh. No.	2501
최기셰녠, 『현관장엄론어구해명』	Toh. No.	3796
나가르주나, 『중론』	Toh. No.	3824
나가르주나, 『육십송여리론』	Toh. No.	3825
나가르주나, 『최파라 이름하는 경』	Toh. No.	3826
나가르주나, 『공성칠십송』	Toh. No.	3827
나가르주나, 『회쟁론』	Toh. No.	3828

데바, 『사백론본송』; 『대승광백론』(T.1570)	Toh. No.	3846
데바, 『대승광백론』	Toh. No.	3846
바브야비베까, 『반야등론』	Toh. No.	3853
바브야비베까, 『중관심송』	Toh. No.	3855
바브야비베까, 『중관심주사택염』	Toh. No.	3856
짠드라끼르띠. 『근본중관주명어』	Toh. No.	3860
짠드라끼르띠. 『입중론』	Toh. No.	3861
짠드라끼르띠. 『입중론소』	Toh. No.	3862
짠드라끼르띠. 『사백론광주』	Toh. No.	3865
짠드라끼르띠. 『명구론』	Toh. No.	3865
짠드라끼르띠. 『오온론』	Toh. No.	3866
샨띠데와, 『보리행경』(T.1662)	Toh. No.	3871
산따라끄시따, 『중관장엄주』	Toh. No.	3884
까말라실라, 『중관명』	Toh. No.	3887
나그르주나, 『경집』; 『대승실요의론』(T.1635)	Toh. No.	3934
마이뜨레야, 『대승장엄경론』	Toh. No.	4020
마이뜨레야, 『중변분별송』; 『변중변론송』(T.1601)	Toh. No.	4021
와수반두, 『중론분별주』; 『변중변론』(T.1604)	Toh. No.	4027
아상가, 『유가사지론』「본지분」	Toh. No.	4035
아상가, 『유가사지론』「성문지」	Toh. No.	4036
아상가, 『유가사지론』「보살지」	Toh. No.	4037
아상가, 『아비달마집』	Toh. No.	4049
지나미뜨라, 『아비달마잡집론』	Toh. No.	4054
욘뗀외, 『오온론주』	Toh. No.	4067

와수반두, 『아비달마구사론본송』	Toh. No.	4089
와수반두, 『아비달마구사론』	Toh. No.	4090
나가르주나, 『보만론』; 『보행왕정론』	Toh. No.	4158
디그나가, 『소연관찰주』; 『무상사진론』(T.1619)	Toh. No.	4206
다르마끼르띠, 인명칠론 중① 『양평석』	Toh. No.	4214
다르마끼르띠, 인명칠론 중② 『정량론』	Toh. No.	4211
다르마끼르띠, 인명칠론 중③ 『이적론』	Toh. No.	4210
다르마끼르띠, 인명칠론 중④ 『인적론』	Toh. No.	4212
다르마끼르띠, 인명칠론 중⑤ 『관계론』	Toh. No.	4213
다르마끼르띠, 인명칠론 중⑥ 『쟁리론』	Toh. No.	4218
다르마끼르띠, 인명칠론 중⑦ 『오타론』	Toh. No.	4219
다르모따라, 『양을 결택하는 주석』	Toh. No.	4229
다르모따라, 『정리적론광주』	Toh. No.	4231
산따라끄시따, 『섭진성난어석』	Toh. No.	4266
쫑카빠, 『선설장론』	Toh. No.	5200
쫑카빠, 『선설보장』	Toh. No.	5200
쫑카빠, 『비밀도차제광론』	Toh. No.	5281
쫑카빠, 『보리도차제광론』	Toh. No.	5392
하리바드라, 『현관장엄론』	Toh. No.	3786
『찬응찬』 བརྡེགས་འོས་བརྡེགས་བརྗོད་	장외문집	
『청문집』	장외문집	
『청색수첩』	장외문집	

인명

우리말	티벳어	산스끄리뜨
겐뒨갸초(1475~1542)	dGe 'dun bstan 'dzin rgya mtsho	
겐뒨둡(1391~1474)	dGe 'dun grub	
겐뒨푼촉(1648~1724)	Gedun Puntsok	
곌찹제달마린첸(1364~1432)	rgyal tshab rje dar ma rin chen	
구나쁘라브하(4th)	yon tan 'od	Gunaprabha
제4대까르마빠 롤뻬돌제(1340~1483)	rol pa'i rdo rje	
까말라실라(8세기)		Kamalaśīla,
까마라붓디		Kamalabuddhi
걉꼰뻴상뽀(1262~1324)	bzang po dpal	
꼰촉 걀뽀(1034~1102)	'khon dkon mchog rgyal po	
꿍가곌첸		
꿍가닝뽀(1092~1158)	Sachen Kunga Nying po	
나가르주나(150~250)		Nāgārjuna
나로빠(1016~1100)		Naropa
달라이라마14세 뗀진갸초	Tenzin Gyatso	
다르마끼르띠	Chos-grags	Dharmakirti
돔뒨빠(1005~1064)	BROM STON PA	
둡첸남카곌첸(1956~2020)	grub chen namkha gyal tsen	
디그나가(480~540)		Dignāga

랑다르마왕(803~842)	dar ma 'u dum btsan	
렌다와 쉰누로되		
제5대 달라이라마 롭상갸초(1617~1682)	Ngag-dbang blo-bzang rgya-mtsho	
제7대 달라이라마 껠상갸초(1708~1757)	bskal bzang rgya mtsho	
린첸상뽀	Rin chen bzang po	
마르빠(1012~1097)		Marpa
마이뜨레야		Maitreya
아상가(無着, 4세기)	아상가(4세기)	Asanga
밀라레빠(1040~1123)	Mid la ras pa	
바브하비베카	Legs-ldan-'byed	Bhavaviveka
부뙨린첸둡	Bu ston rin chen srub	
붓다구히야	Buddhaguhya: Sangs-rgyas gsang-ba	
불공삼장(不空三藏, 705~774)		Amoghavajra
붓다빨리따	Sangs rgyas bskyangs	Buddhap>lita
비루빠(8~9세기)		Virupa
빠오돌제		
사꺄쁘라브하(8~9세기)		Śākyaprabha
사꺄예셰(1354~1435)	byams chen chos rje shAkya ye shes	
산타라끄시따(8세기)		Santaraksita
샨띠데와(8세기)	Zhi ba'i lha	Santideva:
세친(세친, 4세기~5세기)		

제3대 달라이라마 소남갸초 (1543~1588)	bsod nams rgya mtsho	
소남겔첸뻴상뽀 (1310~1391)	rje 'ba' ra ba rgyal mtshan dpal bzang	
송첸감뽀(569~649)	srong btsan sgam po	
쏘남푼촉		
아띠샤(982~1054)		Atisha
아랴데와(성천)	'Phags-pa lha	Aryadeva:
예셰 외(947~1019/1024)	Ye shes 'od	
예셰뗀뻬된마		
와수반두(世親, 4~5세기)		Vasubandhu
울추바드라(1772~1851)	dngul chu dharma badra	
제8대 달라이라마 잠뻴갸초 (1758~1804)	'jam dpal rgya mtsho	
케둡 겔렉 뻴상(1385~1438)	mKhas grub dge legs dpal bzang po	
제7대 달라이라마 껠상갸초 (1708~1757)	Kalzang Gyatso	
짠드라끼르띠	Zla-ba grags-pa	Candrakirti:
제3대 짱캬 룰뻬돌제 (1717~1786)	lcang skya 03 rol pa'i rdo rje	
제쫑카빠롭상닥빠 (1357~1419)	Tsong kha pa blo bzang grags pa	Sumatikīrti
최제된둡린첸(1309~1385)	chos rje don grub rin chen	
티송데첸(742~800)	khri srong lde bsthan	
갸나빠다	Sangs-rgyas ye-shes-zhabs	Buddhajnanapada

찾아보기

ㄱ

ㅇ

ㅈ

번역 후기

한국불교는 동아시아 불교문화의 주류로서 독자적인 불교문화를 일으켰지만 현대 불교학의 기준에서 아쉬운 점은, 불교어로서 보다 논리적인 한글과 한국어의 연구, 그리고 이를 활용한 불전 번역이라 생각한다. 더하여, 나란다 마하위하라의 전통 계승 측면에서 7, 8세기 이후 인도불교와 티벳불교에 대해 많은 학자들의 연구 성과가 있지만 여전히 연구나 지원이 아쉽다.

머리말에서 간략히 밝혔듯이, 번역자는 나란다 마하위하라의 업적은 7세기 전후 방대한 불교를 축소·실용·실천 중심의 불교로 발전시킨 것에 있다고 평가한다. 인간이 종교의 허구를 벗고 진실을 마주하는 처절한 노력 가운데 그 중심은 언제나 달마(法)였으며 다시 그 핵심은 연기법이었다. 연기법은 진화의 과정을 거친다. 석가모니 붓다의 근본 교설에서 출발했지만 나가르주나에 의해 중관사상으로 전개되었고 논리학을 통해 단련되었다.

인도불교는 새로운 진리 추구의 도구인 논리학을 확보해 불교사상과 철학에 있어 비약적인 발전을 이룩했다. 또한 인간의 심성과 시야를 확대하고 변화시키는 다양한 수단들을 발전시켰는데 그것은 밀교였다. 연기법의 다른 갈래인 12지연기의 순관과 역관은 인도 후기밀교시대 생기차제와 구경차제의 수행으로 완성되었다.

번역자는 한국불교가 인도불교의 전통을 온전히 계승했다고 말하기 주저한다. 전문인들이라도 7, 8세기 이후 인도불교의 전승에 대한 관심 부족과 더불어 밀교와 관련해서는 부정적 인식을 무수히 보아왔다. 그러나 인도불교의 진정한 보물은 이 시기에 존재하며 인도·티벳불교의 축소·실용·실천의 전통을 이해 못하면 많은 불자들이 여전히 삼장의 바다에 빠져 길을 잃고 방황할 것이다.

인도불교의 전통은 인간 개개인의 삶을 지탱하는 마음과 소박한 논리의 도구들이 인간 모두를 해탈로 이끄는 최선의 길이 되는 사실을 여실히 보여준다. 많은 불교어를 알거나, 사원의 의궤와 도량에 의지하지 않더라도, 연기와 공성을 다룬 나가르주나의 『중론』과 인도와 티벳 스승들의 도차제 문헌 한 가지, 인연 있는 본사의 지도와 자비가 누구나 죽음을 두려워하지 않는 해탈심에 가까이 갈 수 있다고 말하고 싶다.

불교학자들은 자신들이 추구해왔던 진리의 발견과 행복의 방법을 세상과 공유하는 것이라 생각한다. 출판의 인연이 된 한국연구재단의 지원은 그런 기회를 세상에 넓히는 것이어서 감사하다. 무리한 요청에도 출판에 동의하시고, 미숙한 번역과 문장을 마다하지 않으신 운주사 김시열 사장님의 노고에 깊은 감사를 드린다.

● 쫑카빠 롭상닥빠(1357~1419)

1357년 동북 티벳 암도의 쫑카 지방에서 태어났다. 어린 시절부터 밀교 관정을 받았고, 16세에 우창지방에 유학하여 50인의 불교학자와 공부하였다. 중관, 유식, 인명 등 불교논서의 중요한 과목들을 대부분 수학하였고, 쟈델 수도원 등지에서 밀교수행에 전념하였다. 1398년 귀류논증파의 조사들이 모인 환영을 보고 중관철학에 대한 확고한 견해를 얻었으며, 이때 명작인 「연기찬」을 남겼다. 이 명문은 붓다의 연기법에 대한 찬으로, 현교와 밀교의 모든 가르침이 붓다의 연기법으로 귀결된다는 중요한 깨달음이 담겨 있다.

● 짱캬 롤빼돌제(1717~1786)

몽골 출신 승려로 동부 티벳 암도에서 태어났다. 그는 제2대 짱캬(1642~1714)의 환생으로 인정받았으며, 청조 건륭제(1735~1796)의 국사로 동아시아의 정치와 종교에 중요한 역할을 하였다. 롤빼돌제는 당대 주요한 라마들로부터 공부하였고, 바쁜 중에도 수행과 저술에 힘썼다. 그는 몽골어, 티베트어, 만주어, 중국어 및 중앙아시아 언어에 해박하여 사전편찬과 역경사업을 주관하였으며, 고향인 괸룽잠빠링사원에서 많은 저술과 불사에 기여하였다.

● 정성준

동국대학교 대학원에서 철학박사 학위를 받았으며, 밀교와 티벳불교를 전공하였다. 동국대학교 불교학술원 연구원, 동국대학교 초빙교수, 티벳대장경역경원, 위덕대학교 밀교문화연구원에서 연구직을 수행하였다.

저서로 『밀교학의 기초지식』, 『인도 후기밀교의 수행체계』, 『티베트 사자의 서』(역서) 등이, 논문으로 「짜끄라상와라딴뜨라 성립의 탈전통에 대한 고찰」, 「밀교의 현대 명상 전용에 관한 고찰」, 「티벳대장경의 현교와 밀교문헌 비교」 등 다수가 있다.

쫑카빠의 연기찬 주석

초판 1쇄 인쇄 2025년 12월 4일 | **초판 1쇄 발행** 2025년 12월 12일
쫑카빠 **게송** | 쨩꺄 롤빼돌제 **주석** | 정성준 **번역**
펴낸이 김시열 | **펴낸곳** 도서출판 운주사
(02832) 서울시 성북구 동소문로 67-1 성심빌딩 3층
전화 (02) 926-8361 | **팩스** 0505-115-8361
ISBN 978-89-5746-785-5 03220 값 20,000원
http://cafe.daum.net/unjubooks 〈다음카페: 도서출판 운주사〉